불황을 이겨낸
일본 100년 기업의 비밀

믿음을
팔아라

불황을 이겨낸
일본 100년 기업의 비밀

믿음을 팔아라

서영아 · 천광암 지음

마이다스동아

21세기는 개방과 무한경쟁의 시대입니다. 이제 기업은 전 세계 모든 경쟁자를 대상으로 생존과 지속적인 성장을 위해 끊임없는 사투를 벌이고 있으며, 치열한 경영 환경으로 기업의 수명은 나날이 짧아지고 있기도 합니다.

이러한 급변하는 기업 환경의 시대에 동아일보사가 발간한 《믿음을 팔아라》는 100년 이상 전통을 가진 일본 30개 기업의 실증적인 사례를 통해 "과연 기업이 살아남고, 장수하기 위해 반드시 갖추어야 할 경쟁력은 무엇인가?"를 면밀히 되짚어 보게 합니다. 이 책에 소개된 '100년 기업'들의 경영을 보면 몇 가지 공통적인 흐름과 마주하게 됩니다.

첫 번째는 전통은 과감한 혁신과 변화 없이는 이어 나갈 수 없다는 점입니다. 성공한 기업일수록 지속 번영의 가장 큰 적(敵)은 '성공한 경험'이라고 여기고 있습니다. 기존의 성공에 대해 가지게 되는 오만과 새로운 도전에 대해 생기게 되는 저항감이야말로 기업의 존속을 어렵게 만드는 이유가 된다는 것입니다. 변화만이 살 길이며, 기존의 틀을 깨고 혁신할 수 있는 기업만이 살아남을 수 있다는 교훈을 다시 한 번 생각하게 됩니다.

두 번째로는 고객들에게 믿음을 주는 회사가 장수한다는 점입니다. 사업 분야를 불문하고 '일본 100년 기업'들은 하나 같이 고객과의 신의를 가장 중요한 경영 가치 중의 하나로 꼽았습니다. 고객의 불만이 접수되었을 때 바로 고객에게 직접 찾아가는 노력, 고객과의 신용을 지키기 위한 엄격한 조직 관리는 분명 경영에서 빠질 수 없는 부분입니다.

세 번째로는 흔히 오래되고 전통 있는 기업은 변화에 보수적일 것이라 생각하지만 장수 기업들은 반드시 유연한 사고를 가지고 있음을 느끼게 됩니다. 일본의 대표적인 유통업체 '이온' 그룹의 오카다 다쿠야 명예 회장은 "대들보에 바퀴를 달아라"는 가훈을 경영철학으로 옮겼습니다. 기업 경영에서는 무슨 일이 있어도 꿈쩍하지 않을 대들보까지도 움직일 수 있는 유연성이 필요하다는 것입니다. 이온 그룹을 지방의 작은 포목상으로 시작, 매출 50조 원이 넘는 굴지의 유통 대기업으로 키울 수 있었던 이유가 바로 끊임없이 변화와 혁신을 이끌어 내는 유연한 사고가 있었기에 가능했음을 시사하고 있습니다.

동아일보사의 《믿음을 팔아라》의 발간을 진심으로 축하드리면서, 수없는 위기를 극복하고 끊임없이 변화를 거듭해온 전통의 선진 기업들을 보며 이 책이 기업 경영 단명의 위기를 슬기롭게 헤쳐 나갈 수 있는 나침반 같은 역할을 해주길 기대합니다.

손 경 식 대한상공회의소 회장·CJ 그룹 회장

〈일본 '100년 기업'을 가다〉는 2007년 10월 동아일보가 경제 섹션에 국제경제 면을 주 3회 신설하면서 연재하기 시작한 기획물이다.

당시 국제부장으로서 국제경제면을 안정적으로 이끌어가기 위해 주 1회 시리즈를 게재하기로 결정하고 특파원과 부원들에게 아이디어를 구했다. 국제 경제에 관해 복잡한 수치를 인용해 설명하는 것은 심층분석물로는 적합할지 몰라도 내용이 딱딱해 장기 시리즈물로는 적합하지 않았다. 독자들의 지속적인 관심을 유도하기 위해선 기존에 다룬 적이 없는 새로운 소재에 대한 참신한 접근이 필요했다. 현장성도 살리고 재미와 정보도 있어야 했기에 고심이 컸다.

국제부원들은 잇달아 '브레인 스토밍'을 가졌고 특파원들은 담당 지역에서 취재할 수 있는 것들을 중심으로 다양한 의견을 냈다. 이렇게 모아진 아이디어 중에서 단연 눈길을 끈 것이 일본의 100년 기업을 취재하자는 천광암 도쿄 특파원의 발제였다.

기업의 평균 수명은 서구에서도 20년을 넘지 않고, 한국에선 신생 기업의 40%가 5년 안에 문을 닫는다. 하지만 일본엔 100년이 넘은 시니세(老鋪)가 몇 만 개에 이른다는 설명이었다.

100년이 넘는 기업과 학교, 기관이 손으로 꼽을 정도인 한국의 상황과 비춰볼 때 일본의 기업들이 군국주의 시대와 전쟁 등 역사의 굴곡을

딛고 한 세기가 넘게 생존해온 비결을 살펴보는 것은 상당히 의미 있는 작업이었다. 다만 그런 기업들의 이야기가 대동소이한 수준에 그친다면 장기 시리즈로 가기는 쉽지 않을 수도 있었다.

2007년 10월 11일 자에 "658년 전통 비결은 상(商·영업) 아닌 장(匠·제조)" 이라는 제목으로 일본식 만두인 만주 제조업체 시오세 총본가 이야기가 처음 실렸다. 1349년(고려 충정왕이 즉위한 해) 창업 이후 수작업으로만 만주피를 만들어온 일본과자 제조업체였다. 일본 전국시대의 무장인 오다 노부나가, 도요토미 히데요시, 도쿠가와 이에야스도 애용했다고 한다.

그런 곳에서 만든 만주는 과연 무슨 맛일까 하는 호기심이 들게 하는 기사였다. 동시에 "경영자는 회사의 주역인 직인(職人)을 키우는 부수적인 존재일 뿐"이라거나 "회사를 너무 키우지 말라. 경영자의 눈이 닿지 않는 곳이 생기면 안 된다"는 등의 인상 깊은 경영 철학이 적절히 담겨 있었다.

기대에 부응하고도 남는 산뜻한 출발이었다. 서영아 도쿄 지국장과 천광암 특파원은 그 후 식·음료, 제조·공예, 전자·기계, 화학·바이오, 유통·서비스 등 각 분야별로 취재 대상을 넓혀 나갔다. 여기엔 노리타케, 모리나가, 미키모토, 세이코, 시세이도, 야마하 등 한국인들에게 익숙한 브랜드 들이 여럿 포함됐다.

서영아 도쿄 지국장과 천광암 특파원은 바쁜 시간을 내서 여러 회 분을 교대로 집필했다. 특히 서 지국장은 천 특파원이 시리즈를 취재하는 동안 일상적인 업무를 대신 맡아 처리하고, 조언과 격려를 아끼지 않는 등 세심히 배려했다. 서 지국장은 웬만한 일본인들보다 더 능숙한 일본어 실력과 일본에 대한 해박한 지식으로 평소에도 천 특파원과 '좋은 콤비'를 이뤄왔다.

워싱턴 특파원을 지낸 경험으로 외국에서 인터뷰 대상을 섭외하는 게 얼마나 어려운 일인지 그 고충을 잘 안다. 수없이 전화를 걸고, 이메일과 서한을 보내고 설득해도 거절당하기 일쑤다. 외국인들은 한국 언론에 대해 잘 알지 못하기 때문에 동아일보가 한국을 대표하는 언론사라 하더라도 우리의 필요에 맞춰 인터뷰를 성사하기란 여간 어려운 일이 아니다.

그럼에도 두 사람은 2008년 6월 30회로 시리즈를 마무리할 때까지 8개월간 이를 완벽하게 이끌어 갔다. 더욱이 소개하는 기업들의 연혁과 성격이 다름에도 불구하고 인터뷰와 르포를 결합한 시리즈 각 회분의 '품질'을 높은 수준에서 기복 없이 유지했다. 선후배인 두 사람의 진지한 노력과 협력에 힘입어 이 시리즈는 회사 안팎에서 높은 관심과 찬사를 받을 수 있었다.

출고를 책임진 부장으로서 매주 두 사람이 쓴 시리즈를 가장 먼저 읽는 첫 독자가 되는 것은 큰 기쁨이자 특권이었다. 시리즈 한 회를 데스킹을 마치고 편집으로 넘길 때면 다음 주엔 뭐가 나올까 하는 기대감에 일찌감치 가슴이 설레었다.

시리즈 내용 중엔 가슴에 새길 만한 교훈이 많았다. 신용조사업체 데이코쿠데이터뱅크 편에 나오는 얘기는 언론계에 몸담고 있는 필자에겐 특히 가슴에 와 닿았다. "정보는 처음으로 가진 곳이 절대적인 강자이다. 두 번째로 접하는 정보는 정보로서 가치가 없다. 따라서 정보산업에는 오직 1등만 있을 뿐 2등은 없다." 이는 올해로 창간 88주년을 맞은 동아일보가 지향해야 할 가치이기도 하다.

이제 30회 분의 시리즈와 신문에 연재하지 않은 내용들을 묶어 한 권의 책으로 독자들에게 바친다. 이 책이 한국의 기업인들과 기업인을 꿈꾸는 젊은 세대들에게 100년 경영의 비전을 품게 하는 좋은 길잡이가 될 것으로 믿어 의심치 않는다. 세월이 흘러 '대한민국 100년 기업'에 관한 시리즈를 연재하는 날이 올 때 이 책이 큰 도움이 됐다고 말하는 기업인이 나올 것으로 기대한다.

한 기 흥   동아일보 정치부장

Ⅰ '시니세 왕국' 일본

시니세(老鋪)란 오랜 전통을 가진 기업이나 상점을 뜻하는 일본어다.
일본은 세계에서 유례가 드문 시니세 왕국으로
데이터데이코쿠의 통계에 따르면
100년 이상 역사를 가진 기업이 2만 304개사에 달한다.

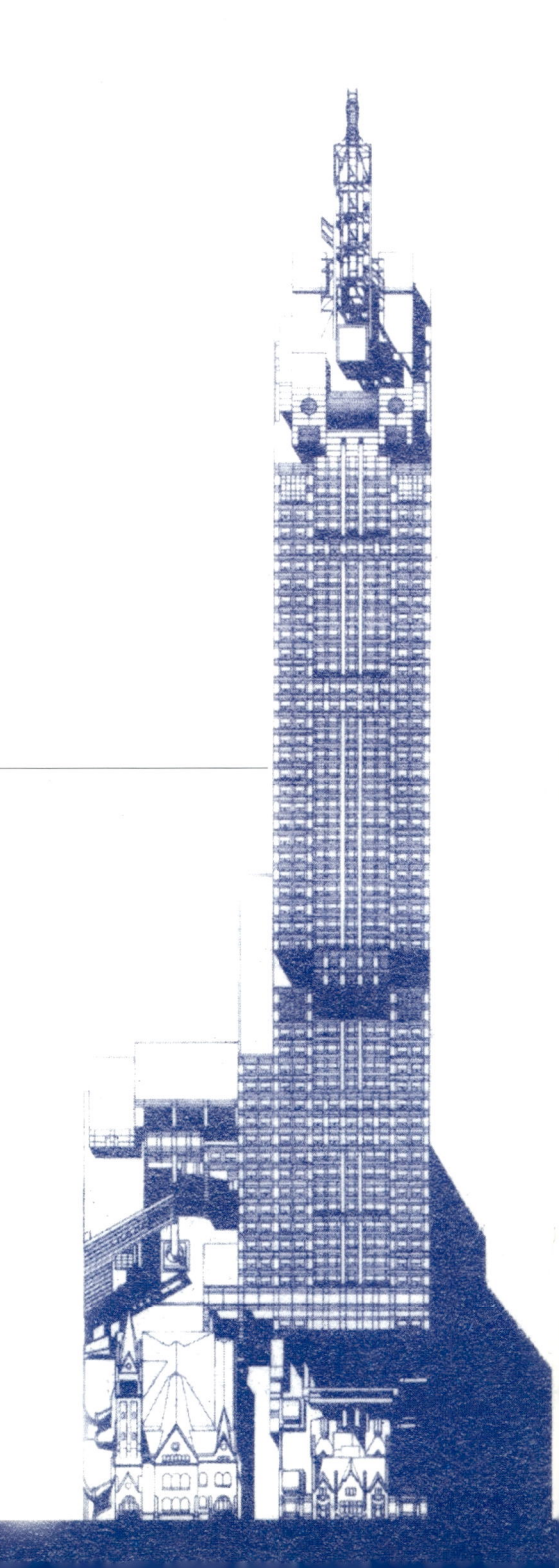

I. '시니세 왕국' 일본

시니세(老鋪)의 거리, 긴자

일본은 세계에서 유례가 드문 시니세(老鋪·오랜 전통을 가진 기업이나 상점) 왕국
이다. 일본에 오래된 기업과 가게가 얼마나 많은지를 설명하자면 간접
적으로나마 체험을 해보는 것이 좋을 것 같다. 정확성을 따지자면 통계
수치를 제시하는 것이 좋겠지만, 골치 아픈 수치는 잠시만 미루어두기
로 하자. 간접체험을 하는 장소로는 일본 최고의 상업지역인 도쿄(東京)
긴자(銀座)가 적당할 것이다.

먼저 긴자가 어떤 곳인지 잠시 설명해보자. 긴자는 일본에서 상업용
지의 땅값이 가장 비싼 곳이다. 임대료가 워낙 비싸기에 수익력이 낮은
기업이나 상점이 긴자에 진출한다는 것은 상상도 하지 못한다. 긴자에
사무실이나 점포를 두고 있는 곳은 크게 세 부류다. 첫째는 헤르메스,
불가리, 루이뷔통, 샤넬 등 세계적인 명품회사들이다. 두 번째는 물 2잔
만 마셔도 6만 원을 내야 하는 고급술집들이다. 끝으로 세 번째 부류가
초창기부터 긴자에 자리를 잡아온 시니세들이다.

긴자의 지형은 세로가 가로보다 긴 장방형이다. 전체를 가로방향으로

14

8등분해서, 맨 위가 1정목(町目), 그 다음이 2, 3, 4의 순서로 8정목까지 이어진다. 세로방향으로 중앙을 관통하는 도로를 주오거리, 가로방향으로 중앙을 관통하는 도로를 하루미거리라고 부른다. 즉 긴자의 중심은 주오거리와 하루미거리가 만나는 사거리다. 이 사거리의 한 귀퉁이를 차지하고 있는 것은 와코와 미쓰코시 백화점, 닛산자동차, 그리고 파출소(세계에서 평당 지가가 가장 비싼 파출소라는 말이 있다)다.

그럼 긴자의 시니세 탐방을 시작해보자.

당신이 아침에 눈을 뜬 숙소는 긴자 6정목에서 한 블록가량 떨어진 데이코쿠(帝國) 호텔이다. 뉴오타니, 오쿠라와 더불어 토종 3대 고급호텔로 통하는 이 호텔은 1890년 문을 열었다.

일단 전날 밤 모닝콜을 부탁했다면 늦잠을 잘 염려는 없다. 이 호텔의 모닝콜 오퍼레이터는 고객의 목소리에서 풍기는 분위기가 다시 잠에 빠질 것 같으면 5분 뒤 다시 전화를 걸어온다. 아침은 호텔 안에서 간단히 해결한다.

식사 도중 셔츠에 음식을 흘렸어도 걱정할 필요가 없다. 이 호텔의 세탁담당자들은 '호텔 안에서 묻은 얼룩은 전부 뺀다'는 원칙에 따라 식당에서 어떤 식재(食材)를 사용하는지를 전부 파악하고 있다. 단추가 떨어진 채 세탁물이 돌아오는 일은 상상조차 할 수 없다. 이 호텔은 셔츠를 세탁할 때 일단 단추를 모두 떼어낸 다음 다림질을 마친 뒤 다시 단다. 세탁 도중에 단추가 떨어져 나가 없어지는 일을 예방하기 위해서다.

호텔 문을 나설 때 지갑 안에 1만 엔짜리 고액권밖에 없을 때는 도어맨에게 상담을 해보라. 데이코쿠 호텔의 도어맨들은 고객이 부탁하면 언제든지 1만 엔짜리 지폐를 교환해줄 수 있도록 1천 엔짜리 지폐를 여러 장 몸에 지니고 있다.

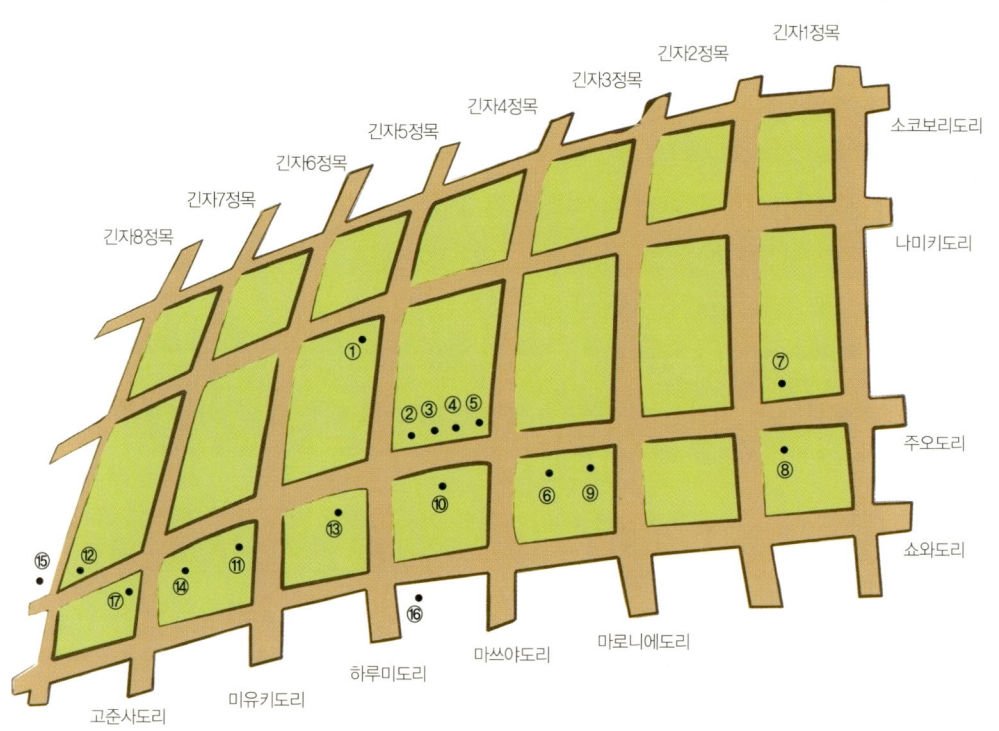

긴자1정목
긴자2정목
긴자3정목
긴자4정목
긴자5정목
긴자6정목
긴자7정목
긴자8정목

소코보리도리
나미키도리
주오도리
쇼와도리

고준사도리
미유키도리
하루미도리
마쓰야도리
마로니에도리

① 긴자 센비키야
② 와코
③ 기무라야
④ 야마노 막기
⑤ 긴자 요시노야
⑥ 미키모토

⑦ 긴자타니자와
⑧ 이토야
⑨ 마쓰야
⑩ 미쓰코시
⑪ 마쓰자카야
⑫ 치쿠요테이

⑬ 규쿄도
⑭ 야마토야 셔츠
⑮ 시세이도 파라
⑯ 쇼치쿠
⑰ 삿포로라이온

잔돈까지 챙겼으면 긴자의 중심지를 향해 문을 나서자. 5분 정도 걸으면 하루미거리에 접어든다. 헤르메스 빌딩을 막 지나면 1층에 긴자센비키야(1894년 창업)라는 과일가게가 있다. 입맛이 당기더라도 마스크멜론과 망고가 한 개씩 든 세트에 한국 돈으로 26만 원 정도 지불할 '용기'가 없으면 그냥 지나치는 것이 좋다. 거기에서 50미터 정도만 가면 '세계에서 평당지가가 가장 비싼 파출소'가 나타난다.

사거리에서 일단 사방을 한번 둘러본 뒤 벽에 큰 시계가 걸린 건물을 향해 횡단보도를 건너자. 시계, 의류, 장신구 등을 파는 건물로 와코의 소유다. 와코는 원래 세이코(1881년 창업)의 전신인 핫토리 시계점의 소매부문이었으나 1947년 독립했다.

긴자 4정목에 속하는 이 블록에는 주오도리를 따라 와코 외에도 기무라야, 야마노악기, 긴자요시노야 등 3개의 100년 기업이 둥지를 틀고 있다.

1872년 창업한 기무라야는 '안코빵(팥으로 만든 소를 안에 넣은, 맛이 단 빵)의 원조'로 통한다. 1875년 당시 일왕(日王)이 기무라야의 빵을 먹은 것을 계기로 일본 전역이 안코빵 열풍에 휩싸였다는 이야기가 전해 내려온다.

야마노악기는 1892년 피아노 오르간 제조판매상으로 문을 열었다. 대지진과 전란으로 두 번이나 잿더미가 되었지만 꿋꿋하게 긴자의 터줏대감 자리를 지키고 있다.

긴자요시노야는 2007년 창업 100주년을 맞은 여성신발 전문메이커다. 야마노악기와 마찬가지로 긴자본점이 두 번이나 잿더미가 되었지만 2007년 현재 일본 전역에 63개의 점포를 운영하고 있다. 일본인의 발에 맞는 신발은 따로 있다며 일찍부터 사이즈도 독자규격을 사용하고 있다. 규동(쇠고기 덮밥) 체인점인 요시노야와는 아무 관련이 없다.

1899년 문을 연 요시노야는 2002년 뉴욕 점포를 내는 등 '일본발 패스트푸드'로 국제적인 이미지를 굳히는 데 성공했다. 메이지유신 때까지만 해도 쇠고기를 먹을 때는 불을 모두 끄고 동네사람이 아무도 모르게 먹었다는 일본인들이 지금은 규동을 '국민식(國民食)'처럼 먹는 것은 기이한 일이 아닐 수 없다.

긴자요시노야를 지나 3정목 쪽으로 신호등을 건너려다 보면 마쓰야도리 쪽에 특이하게 생긴 건물이 눈에 들어온다. 세계에서 처음으로 진주 양식에 성공한 미키모토(1899년 창업)의 판매점이다. 미키모토는 진주 외에도 다양한 보석장신구를 판매하고 있다.

다시 긴자요시노야 쪽으로 돌아와 주오거리를 계속 따라가다보면 1정목에 긴자타니자와(1874년 창업)라는 가방가게가 나온다. 일본에서는 한자로 '가죽 혁(革)' 변에 '쌀 포(包)자'를 쓰고 가방이라고 읽는다. 긴자타니자와 창업주가 만든 조어가 지금까지 그대로 사용되고 있는 것. 일설에는 메이지(明治) 일왕이 긴자타니자와 간판을 보면서 시종에게 "저게 무슨 한자인가?"라고 물었다고 한다. 일왕이나 왕세자가 외국에 갈 때는 긴자타니자와에서 맞춘 여행가방을 들고 간다.

이번에는 주오도리를 건너서 반대방향으로 되돌아가보자. 2정목 중간쯤에는 '여기가 긴자의 발상지'라는 석비가 하나 서 있고 그 앞에는 이토야라는 문방구(1904년 창업) 건물이 버티고 서 있다. 이토야는 약 15만 종의 문구류를 판매하고 있는 대형 점포로 한국 관광객들의 모습도 적지 않게 보인다.

이토야를 나와서 주오도리를 다시 걸어 내려가면 대형 백화점들이 연이어 나타난다. 3정목에 마쓰야(1869년 창업), 4정목에 미쓰코시(1904년 창업), 6정목에 마쓰자카야(1611년 창업)의 순이다. 미쓰코시는 일본 부유층이 가장

사진 오른쪽에 보이는 것이 바로 '긴자의 발상지' 석비다. 사진 왼쪽에는 이토야의 빨간 클립모양 간판이 보인다.

좋아하는 백화점이지만 주 고객층이 고령이어서 1990년대부터 경영에 고전을 거듭해왔다. 브랜드는 그대로 남아 있지만 경영권은 결국 라이벌이었던 이세탄(1886년 창업)에 넘기고 말았다. 백화점 3곳을 다 둘러보려면 시간이 너무 많이 걸리는 만큼 쇼핑을 잠기 중단하고 점심을 먹은 뒤 다시 돌아오기로 하자.

점심장소로는 긴자 8정목에 있는 치쿠요테이(竹葉亭)를 선택하자. 장어구이로 미식가들 사이에 소문이 자자한 곳이다. 1866년 처음 창업했을 때는 무사들이 칼을 맡겨 놓는 찻집이었으나 1876년 폐도령(廢刀令) 때문에 무사들이 칼을 차고 다닐 수 없게 되자 장어구이집으로 전업했다. 참고로 오사카(大阪) 등 간사이(關西) 지방과 도쿄의 장어구이는 한 가지 큰 차이가 있다. 간사이에서는 뼈를 발라내기 위해 장어의 배를 가르지만 도쿄에서는 등을 가른다. 도쿄에서는 무사문화가 강했기 때문에 할복을 연상시킨다는 이유로 장어의 배를 가르는 것을 금기시했기 때문이다.

점심을 마쳤으면 다시 백화점으로 돌아가 남은 쇼핑을 마저 한 뒤 긴자 주오도리 5정목에 있는 규쿄도(1877년 창업)를 찾아보자. 이곳은 서화용품과 향을 판매하는 곳이다.

6정목에 '와이셔츠' (화이트셔츠를 잘못 알아들어서 나온 말)라는 조어를 처음으로 만들어낸 야마토야셔츠를 잠시 구경한 뒤 8정목에 있는 시세이도 파라에 가서 저녁식사로 '오무라이스'를 주문하자. 야마토야셔츠는 긴자타니자와와 마찬가지로 왕실납품업체다. 시세이도 파라는 일본 최대의 화장품 업체인 시세이도(1872년 창업)가 운영하는 레스토랑이다.

요기가 되었으면 5정목으로 되돌아가 하루미거리를 따라 쇼와거리 쪽으로 5분만 내려가보자. 하루미거리와 쇼와거리가 교차하는 사거리의 한쪽에는 커다란 일본 전통 건물이 자리 잡고 있다. 쇼치쿠(1895년 창업)

가 운영하는 가부키 전용극장이다.

가부키공연이 끝나면 긴자 7정목에 있는 삿포로라이온(1899년 창업)에 들러 생맥주 한 잔으로 하루 일정을 마무리한다.

일본 기업의 근간, 시니세

긴자에만 이처럼 많은 100년 기업이 있다면 일본 전국에는 과연 얼마나 많은 100년 기업이 있을까. 기관마다 추산이 조금씩 다르기는 하지만 일본 최대의 신용조사업체인 데이코쿠데이터뱅크의 자료를 살펴보자. 데이코쿠데이터뱅크는 자체 데이터베이스에 구축해둔 118만 8천400개사의 신용정보를 토대로 분석을 했기 때문에 신빙성은 다른 어느 기관보다 높다고 할 수 있다.

이 회사가 2008년 4월 전산으로 분석한 결과 1912년 이전에 창업한 기업은 2만 4천234개로 집계되었다. 이중 일본의 근대화 기점인 1867년 메이지(明治)유신 이전에 창업한 기업은 11.9퍼센트인 2천879개사였다.

또, 1602년 에도막부 개막 이전에 문을 연 기업은 0.6퍼센트인 139개사였다.

정확하게 100년 이상 역사를 가진 기업은 2만 304개사, 200년 기업은 1천241개사, 300년 기업은 582개사, 400년 기업은 154개사, 500년 기업은 34개사였다.

편의상 1912년 이전에 창업한 기업을 '장수기업'이라고 했을 때 업종별 분포를 보면 소매업이 29.0퍼센트로 가장 많았다. 다음으로는 제조업이 25.5퍼센트, 도매업이 24.9퍼센트로 3개 업종이 79.4퍼센트를 차지했다. 업종을 좀더 세분해보면 청주제조업이 784개사로 가장 많았고 이어 료칸(旅館·일본의 전통 숙박업소) 646개사, 과자제조판매업체 514개사 등의 순이었다.

기업 규모를 보면 '자본금 5천만 엔 미만', '종업원 50명 미만', '연매출액 10억 엔 미만' 등 중소기업이 대부분을 차지했다. 이중 종업원 규모별로는 4명 이하가 40.8퍼센트, 5~9명이 18.1퍼센트, 10~49명이 28.2퍼센트였다. 즉 50명 미만이 전체의 87.1퍼센트를 차지한 셈이다.

장수기업의 본사가 가장 많은 지역은 도쿄로 그 수가 2천172개사에 이르렀다. 이는 메이지유신 이후 도쿄가 일본경제에서 차지하는 비중이 급격히 높아진 데 따른 영향으로 보인다.

도쿄에 이어서는 △아이치 현 1천270개사 △오사카 부 1천265개사 △니가타 현 1천107개사 △교토 부 1천83개사 △효고 현 869개사 △시즈오카 현 868개사 등의 순으로 많았다.

하지만 메이지유신 이전에 창업한 기업으로 대상을 좁히면 교토 부가 269개사로 도쿄 도의 247개사를 제쳤다. 느슨한 기준을 적용할 때 보통 창업 후 30년이 지나면 시니세라는 타이틀을 붙이기도 하지만 도쿄나 교토에서는 창업 100년 정도의 역사가 없으면 감히 시니세라는 명함을 내밀지 못한다는 사실이 여기에서도 쉽게 확인된다.

수박 겉핥기식 가상여행은 이 정도로 충분할 것 같다. 다음 장에서는 성공적인 시니세들이 100년이 넘는 역사와 전통을 쌓아올리기 위해 어떤 시련과 맞닥뜨려 어떻게 이겨냈는지 구체적인 탐방을 시작해보자.

시니세 중의 시니세

이름	창업 연도	업종	소재지
곤고구미	578	절 건축	오사카 부
호시	718	료칸	이시카와 현
다나카이가불구점	885~889	불구(佛具)	교토 부
스도노 본가	1141	술	이바라키 현
고쇼보	1191	료칸	효고 현
시오세총본가	1349	일본과자	도쿄 도
마쓰마에야	1392	다시마	교토 부
본가오와리야	1465	메밀국수	교토 부
히라이즈미혼포	1487	술	아키타 현
가와바타도키	1501~1521	찹쌀떡	교토 부
노미야마 본가 양조	1538	술	시즈오카 현
고니시 주조	1550	술	효고 현
니켄자야나카무라로	1531~1554	요정	교토 부
기쿠히메	1573~1591	술	이시카와 현
도라야	1592	일본과자	도쿄 도
요메이슈 제조	1602	약용 술	도쿄 도
히게타쇼유	1616	간장	도쿄 도
센다이미소양 조소	1625	된장	도쿄 도
겟케이칸	1637	술	교토 부
도라쿠	1624~1644	요정	교토 부

II 일본 '100년 기업'을 가다

100년 기업들의 장수 비결과 경영 철학을 경영자에게 직접 듣고,
기업의 생산 현장까지 그대로 볼 수 있는 생생한 성공 기업 리포트.
일본 100년 기업 30곳의 과거와 현재를 통해
우리 기업의 미래를 가늠해본다.

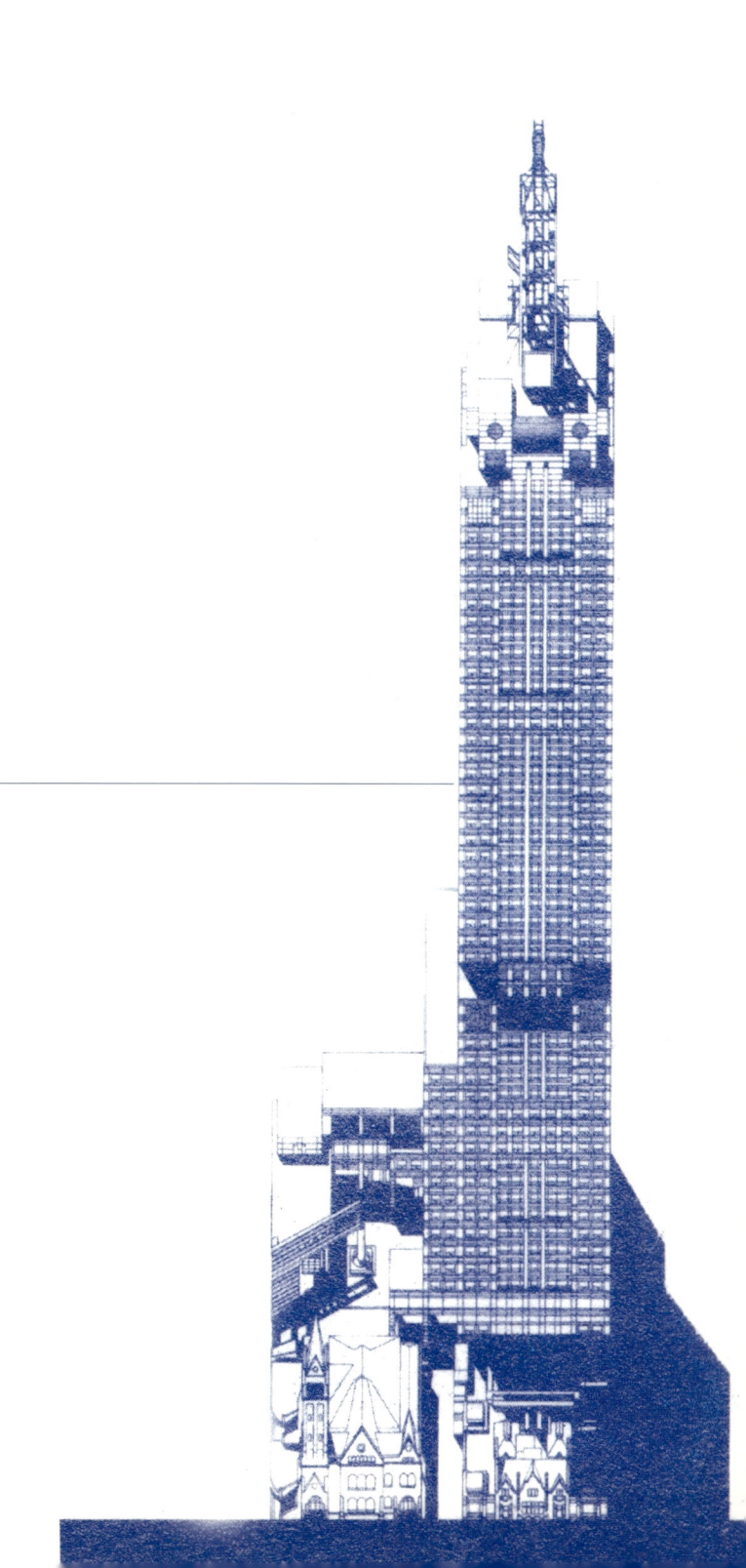

식·음료

가고메

–일본 최대의 토마토 종합기업

7천500종 씨앗, 110년 장수의 '원천기술'

《100년 기업들에 장수 비결을 물으면 "한 우물 파기"라는 대답이 가장 많이 나온다. 그러나 전업(專業)경영은 한 가지 치명적인 약점을 갖고 있다고 전문가들은 강조한다. 주력 상품이 위기를 맞았을 때 생존을 보장해줄 안전판이 없다는 점이다. 이런 종류의 위험에 맞닥뜨리는 것은 '한 우물 파기' 형 기업들의 피할 수 없는 숙명일까. 그러나 일본 최대 토마토 가공식품업체인 가고메는 단호하게 "노(No)"라고 말한다.》

토마토 외길 110년…"밭이 제1공장"

가고메는 가니에 이치타로(蟹江一太郎) 창업주가 1898년 토마토 재배에 발을 디딘 것을 시작으로 110년 가까이 사실상 '토마토 외길'을 걸어왔다. 연간 매출 1조 5천억 원에는 당근과 피망 등의 가공식품도 포함되어 있지만 토마토에 비하면 미미한 규모다.

현재 일본 전 국민이 소비하는 토마토와 케첩 등 토마토 가공식품의 25퍼센트를 가고메가 공급하고 있다. 가공식품만 따지면 50퍼센트가 넘을 정도로 가고메의 위상은 절대적이다.

가고메가 연간 35만 톤에 이르는 엄청난 양의 토마토를 원료로 사용하면서도 시장 가격의 요동에 끄덕하지 않는 비결은 "밭이 제1공장"이라는 가고메의 경영철학에 숨어 있다.

일반적으로 식품 가공업체는 대부분 원료를 시장에서 사다 쓴다. 하지만 가고메는 창업 초기 장기계약을 한 농가에서 토마토를 조달해 왔다. 일본 국내 조달시장의 경우 100퍼센트 장기계약 농가에서 토마토를 사들인다.

21세기의 '문익점'들

홍보부의 고노 다카시(河野崇) 씨는 "우리 회사의 장기계약 농가는 일본 국내뿐만 아니라 터키와 중국 등 세계 6개국에 분포해 있어 회사 사활이 위태로울 정도로 심한 원료 조달난에 빠질 위험은 거의 없다."고 설명했다. 중국에서 기상이변이 발생하여 작황이 좋지 않으면 터키에서 더 사오면 된다는 것이다.

그렇다고 세계 여기저기서 마구잡이로 계약을 한다고 '시장의 변덕'에서 해방될 수 있는 것은 아니다. 수준 이하의 토마토를 생산해내는 농

28

가고메의 공장 앞 밭의 일부. 이곳에서도 여러 종의 토마토가 재배되고 있다.

가고메의 토마토 가공 식품들. 퓌레, 리조또 등 다양한 제품을 생산하고 있다.

가고메의 대표 제품인 토마토 주스와 과일 주스들.

가와의 장기계약은 오히려 짐이 될 뿐이다. 가고메 모델의 성패는 수많은 '제1공장(밭)'의 품질을 일정한 수준 이상으로 관리할 수 있느냐에 달려 있다.

이 문제를 해결하기 위해 가고메는 오래전부터 해외출장을 가는 사원들에게 한 가지 '특명'을 내렸다. "손에 넣을 수 있는 토마토 씨앗을 전부 수집해 올 것." 이들이 일본으로 들고 온 씨앗은 도치기 현 나스시오바라(那須鹽原) 시에 있는 종합연구소로 보내진다.

"케첩의 경쟁력은 좋은 씨앗에서"

종합연구소에서 만난 호소이 가쓰토시(細井克敏) 농업연구부장은 "현재 우리 연구소에서 보관 중인 토마토 종자는 7천500여 종"이라면서 "미국의 국립기관을 제외하면 세계 최고 보유량일 것"이라고 말했다.

이중에는 호소이 부장이 페루 등의 야산을 헤매며 따온 종자도 있다. 식품가공업체인 가고메가 토마토 씨앗에 이렇게 공을 들이는 이유는 무엇일까. '제1공장'의 품질 관리가 씨앗 단계에서 이루어지기 때문이다. 호소이 부장의 설명은 이렇다.

"우리 연구소는 수천 종의 토마토를 교배하여 재배지의 기후와 토양에 맞는 최적의 씨앗을 개발한다. 또, 종자에 맞춰 물을 주는 방법 등 세세한 재배 방법까지 궁리한 뒤 연구원이 농민들을 직접 방문해 지도한다."

호소이 부장은 "교배를 통해 더 맛있고 영양 많은 토마토를 개발할 수 있고 가공 과정의 경제성도 높일 수 있다."고 덧붙였다. 일례로 가공 과정에서 토마토의 꼭지를 떼어내는 일은 손이 많이 가는 작업으로 악명이 높았다. 종합연구소는 교배를 통해 힘을 조금만 주어도 꼭지가 떨어

여러 종의 토마토를 재배하고 있는 온실. 수천가지 교배로 개량한 새로운 토마토 종자의 산실이기도 하다.

지는 종자를 개발하여 이 문제를 근본적으로 해결했다.

종합연구소가 독자적으로 개발한 토마토 품종을 하나하나 보여주던 호소이 부장의 발걸음이 마지막으로 멈춘 곳은 토마토를 재배하는 온실이었다. 호소이 부장은 "이곳에서 일하는 종업원들은 농업에 대한 사전지식이 전혀 없다."면서 "농업을 전혀 모르는 사람도 토마토를 대량 재배할 수 있는 시스템과 매뉴얼을 만드는 게 목표"라고 말했다.

▶ 가고메의 경영 제언

1. 품질 관리는 원료부터 시작하라.
2. 시장상황에 민감하지 않도록 다양한 원료 공급처를 확보하라.

칠전팔기(七顚八起)의 가고메 창업비화

　"밭이 제1공장"이라는 가고메의 기업철학은 이 회사가 당초 제조업이 아닌 농업에서 출발했다는 점과 깊은 관계가 있다. 하지만 농업에서든 제조업에서든 가고메의 출발은 시행착오의 연속이었다.

　군 복무 시절 "앞으로는 쌀보다 서양야채가 각광받는 시대가 올 것"이라는 이야기를 들은 가니에 이치타로 창업주가 토마토 재배에 나선 것은 1898년 가을이었다. 제대와 동시에 아버지의 허락을 얻은 그는 토마토 외에도 양배추, 상추, 파슬리, 양파 등 다양한 야채를 함께 재배했다.

　가니에 창업주가 토마토 가공에 도전한 것은 일반인들이 토마토를 거의 몰라 청과(靑果)상태로 파는 일이 전혀 불가능했기 때문이다. 양배추와 양파는 처음에는 안 팔렸지만 여기저기 물건을 들고 다니는 동안 내수와 수출 판로가 동시에 열렸다. 하지만 토마토는 독특한 냄새와 맛이 당시의 일본인들에게는 좀처럼 적응이 되지 않았다. 심지어 토마토 밭 주변을 지나갈 때는 코를 감싸고 뛰어가는 사람도 적지 않았다. 이런 연유로 애써 재배한 토마토를 그냥 버리거나 썩히는 나날이 한동안 지속되었다.

　다른 사람이라면 토마토 재배를 포기하고 다른 야채를 재배하는 데 전념했겠지만 가니에 창업주는 편한 길을 애써 마다했다. 그는 우연한 기회에 나고야(名古屋)의 한 호텔 주방에서 얻은 토마토퓌레(채소를 삶아 걸쭉하계 만든 것) 한 병을 모델로 토마토 가공에 뛰어들었다.

　토마토퓌레를 모방하는 데는 수많은 시행착오가 따랐지만 가니에 창업주는 끈질긴 집념으로 이를 성공시켰고 안정적인 판매처도 발견했다. 1906년에는 토마토 가공사업을 본격적으로 전개하기 위해 자택 근처에 60평짜리 가공공장도 건립했다. 이를 계기로 그전까지 가니에 창업주 집안의 가업이던 양잠업에서는 완전히 손을 뗐다.

　또, 인근농가와 계약재배를 하는 방식으로 토마토 재배량을 늘려나갔다. 가고메가 원료를 안정적으로 확보하는 비결인 장기계약재배는 이처럼 창업 초기부터 가고메 비즈니스 모델의 뼈대였다.

도라야
- 왕실을 매료시킨 과자

✚ 도라야 개요

- 창업 연도 | 1520년(문서에 기록이 남아 있는 해. 비공식적으로는 1241년)
- 본사 소재지 | 도쿄 미나토 구 아카사카
- 연매출액 | 169억 엔(약 1천460억 원)
- 특기 사항 | 일본 토마토 소비량의 25.5퍼센트, 당근 소비량의 15.1퍼센트 공급
- 종업원 수 | 871명
- 사업 내용 | 일본 전통과자 제조판매
- 주요 제품 | 양갱(羊羹)
- 판 매 점 | 직영점과 백화점매장 등 약 80곳
- 특   징 | 일본 왕실 납품업체. 구로카와(黑川) 가문이 17대째 경영
- 홈페이지 | www.toraya-group.co.jp

100퍼센트 수작업…왕실의 입을 사로잡다

《일왕(日王) 부부를 제외한 왕세자 등 일본 왕족이 모여 사는 도쿄(東京) 미나토(港) 구 아카사카(赤坂) 어용지(御用地). 어용지 동남쪽에서 불과 100미터도 떨어지지 않은 곳에는 용지 면적이 2천 제곱미터에 이르는 공장이 하나 들어서 있다. 깨끗한 흰색 바탕의 건물 외벽에는 일본의 전통과자 제조업체인 도라야(虎屋)의 빨간 회사마크가 선명하게 찍혀 있다.》

일본 왕실과 함께 500년

도라야의 공장은 어용지 옆, 일본의 3대 토종 고급호텔인 뉴오타니에서도 불과 200여 미터밖에 떨어지지 않은 곳에 있다. 공장 내부는 철저한 '비공개'. 무슨 '대단한 사연'을 간직한 공장이기에 금싸라기 땅을 깔고 앉은 채 빗장을 꼭꼭 닫아걸고 있는 것일까. 공장 앞 도로 건너편에 있는 도라야 본사에서 만난 미무라 시게키(三村茂樹) 이사에게 이유를 물어보았다.

"우리 회사는 도쿄, 교토(京都), 후쿠오카(福岡) 등 3곳에 공장이 있습니다. 이중 도쿄공장은 유통기한이 하루 이틀에 불과한 생과자와 왕실 납품용 특수 과자를 완전 수작업으로 만드는 곳입니다."

왕실에서 주문이 오면 곧바로 대응을 해야 하기에 비용 면에서 손해인 줄 알면서 도심 한복판에 공장을 유지하고 있다는 설명이었다.

도라야는 1520년 창업 후 지금까지 약 500년 동안 일본 왕실과 떼려야 뗄 수 없는 관계를 유지해 왔다. 발상지가 교토인 이 회사가 현재 본사를 도쿄에 두고 있는 이유도 1869년 도쿄 천도(遷都) 때 왕실을 따라왔기 때문이다.

도라야가 눈앞에 보이는 이익 때문에 왕실에 정성을 들이는 것은 아니다. 연간 169억 엔(약 1천460억 원)에 이르는 이 회사의 매출에서 왕실과의 거래가 차지하는 비중은 "거의 의미 없는 수치"다. 도라야가 얻는 것은 '왕실=최고급'이라는 무형의 브랜드 가치다.

고급 브랜드 전략의 귀재

도라야를 고급 브랜드로 유지 관리하기 위한 노력은 왕실 마케팅에만 국한된 것이 아니다. 도라야가 직영점을 낸 곳은 최고급 상업지인 긴자

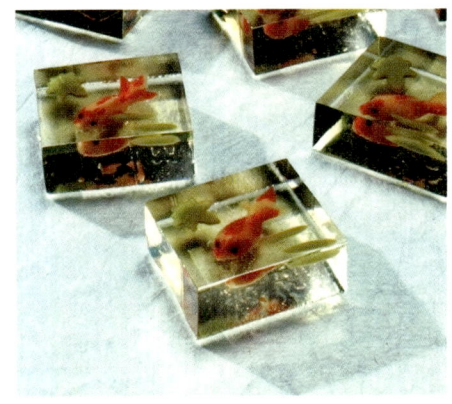

낙엽이 떨어진 연못을 표현한
도라야의 대표 생과자.

도쿄에 위치한 도라야의
아카사카 본사.
브랜드 가치를 유지하기 위해
왕실을 따라
교토에서 도쿄로 옮겨왔다.

(銀座), 신흥 부유층 거주지로 유명한 롯폰기힐스 레지던스, 롯폰기힐스의 명성을 위협하는 쇼핑과 관광의 명소로 새롭게 등장한 롯폰기 미드타운빌딩 등 하나같이 '고급 이미지'를 연상시키는 곳이다. 백화점에도 점포를 내고 있지만, 브랜드 이미지에 맞지 않는 곳이라고 판단되면 아무리 백화점 측이 사정해도 응하지 않는다.

이치카와 유키오(市川幸生) 홍보과장은 "총 점포가 80개가 넘지 않도록 관리하고 있다."고 밝혔다. 미드타운빌딩에 점포를 낼 때는 멀쩡하게 흑자를 내고 있는 다른 점포를 폐쇄하기도 했다.

도라야가 브랜드 관리에 얼마나 많은 노력을 쏟고 있는지 보여주는 또 다른 예가 '도라야 문고'다. 도라야 문고란 전통과자와 관련된 고문서와 문헌, 오래된 기물, 전통과자의 상표 등록 자료 등 지적재산권 선점과 분쟁 예방에 필요한 근거자료를 수집, 분석, 관리하는 종합자료관이다.

"전통은 혁신의 연속"

도라야가 왕실이나 전통을 중시한다고 해서 변화를 싫어하는 기업으로 생각한다면 오산이다.

"전통은 혁신의 연속이다."

최근 일본에서 경영혁신을 추진하는 시니세 기업들이 자주 인용하는 이 모토를 처음으로 만들어낸 곳이 바로 도라야다.

도라야는 1980년에 파리에 점포를 낸 데 이어 2003년에는 롯폰기힐스 레지던스에 전통과자업체 중 처음으로 카페를 냈다. 도라야 카페는 단팥과 한천 등 동양적인 소재와 아이스크림이나 푸딩 등 서양적인 외형을 조화시킨 동서양 퓨전 제품을 파는 곳이다. 당시로서는 다른 전통

도라야 카페의 내부. 전통과자를 파는 카페라는 콘셉트는 도라야의 파격적인 도전이기도 하지만 브랜드 고급화 전략이
기도 하다.

가을을 형상화한 생과자. 도라야는 맛과 멋을 모두 충족하는 제품을 만들고 있다.

과자 업체들이 꿈도 꾸지 못하던 도전이자 파격이었다.

미무라 이사는 다음과 같이 설명했다.

"우리 회사의 주력상품인 양갱도 원래는 중국에서 건너온 것입니다. 원래는 양 내장을 요리한 스프였던 것으로 추정이 됩니다. 하지만 오랜 세월 동안 일본 문화와 일본인의 입맛에 맞게 개량한 결과 지금은 중국 양갱과는 전혀 다른 식품이 되었습니다. 맛있는 과자를 만드는 데 국적에 연연할 이유가 없습니다."

▶ 도라야의 경영 제언

1. 파격을 두려워하지 말라.
2. 주 고객층을 이미지화하여 브랜드 전략을 세워라.
3. 수요와 공급을 고려하여 브랜드 이미지를 고수하라.

모리나가제과
—일본 단맛의 효시

✚ 모리나가제과 개요

- 창업 연도 | 1899년 8월 15일(모리나가 서양과자 제조소)
- 창 업 자 | 모리나가 다이치로(森永太一郎)
- 주식회사 설립 | 1910년 2월 23일
- 본사 소재지 | 도쿄(東京) 미나토(港) 구 시바(芝) 5-33-1
- 대 표 자 | 야다 마사유키(矢田雅之)
- 연매출액 | 1천467억 1천500만 엔(2007년 3월 31일 현재)
- 자 본 금 | 186억 1천200만 엔
- 종업원 수 | 1천846명(2007년 현재)
- 사업 내용 | 과자(캐러멜, 비초콜릿류), 식품(코코아, 케이크 믹스 등),
             빙과(아이스크림 등), 건강식품(젤리음료 등)의 제조 및 판매
- 기업이념 | 맛있게 즐겁게 건강하게
- 홈페이지 | www.morinaga.co.jp

"모리나가의 역사는 곧 일본 단맛의 역사다"

《모리나가(森永)제과의 신입사원이라면 첫 출근 전에 반드시 읽어야 하는 책이 있다. '파이오니어의 발걸음'이라는 제목의 소책자다. 입사가 결정되면 며칠 뒤 우편으로 배달된다. 책에는 창업자인 모리나가 다이치로(森永太一郎)와 2대 사장 마쓰자키 한자부로(松崎半三郎)의 수기가 실려 있다. 각기 1929년과 1950년에 구술한 내용을 정리한 것으로 1958년 초판을 낸 뒤 1992년에 '현대어판'이 나왔다. 수기에는 일본에서 최초로 서양과자를 구워내고 판로를 개척한 창업자의 선구자 정신이 생생하게 담겨 있다.》

"하늘은 스스로 돕는 자를 돕는다"

무일푼인 23세 청년 모리나가가 성공을 꿈꾸며 도미(渡美)한 때는 1888 년. 메이지(明治)유신 이후 일본에 서양문물이 밀려들던 시기였다. 그러나 꿈은 금세 좌절로 바뀌었다. 영어 한마디 못하는 그는 귀국할 여비조차 없자 "일본에 없는 것을 배워 가겠다."며 과자 제조에 주목했다. 11년간 정원사, 접시닦이를 거쳐 빵집, 케이크점, 사탕공장을 전전하며 "잽(일본 인을 멸시해 부르는 말)에게 노하우를 가르쳐줄 수는 없다."는 구박 속에 서양 식 과자 만드는 법을 익혔다.

그는 수기에서 "장사도 중요하지만 '일본인들에게 새로운 것을 맛보 게 하고 싶다'는 강렬한 욕망이 있었다."고 회고했다. 1899년 귀국한 뒤 그는 도쿄 아카사카(赤坂)에 두 평짜리 가게를 얻어 '모리나가 서양과자 제조소'라는 간판을 달았다. 서양과자를 아는 이가 없었고 재료도 모두 수입해야 하는 가시밭길의 연속이었다. 창업 두 달 만에 첫 주문을 받을 정도로 고독한 작업이었지만, 미국 생활에서 얻은 신앙에 기대며 "하늘 은 스스로 돕는 자를 돕는다."고 스스로를 위로했다.

1905년 마쓰자키를 영입하면서 판매루트와 유통경로, 제품관리 등을 정비하고 주식회사의 모습을 갖추어나갔다. 마쓰자키는 모리나가와 2 인3각을 이루어 회사를 현대형 기업으로 만들었다.

1914년 '미루쿠(ミルク)'란 별명으로 유명한 종이갑 포장 밀크캐러멜을 개발했다. 노란색 포장지가 지금도 그대로인 이 캐러멜은 한국인에게도 친숙하다. 그러나 개발 당시에는 '느끼한 맛이 싫다'는 부정적 반응이 많았다. 캐러멜 한 알 가격이 찹쌀떡 한 개와 맞먹는 것도 문제였다.

정작 이 캐러멜이 각광을 받게 된 것은 제2차 세계대전이 끝난 뒤인 1950년대였다. 1952년의 신문광고에는 연간 캐러멜 생산량이 1년에 지

모리나가의 창업주 모리나가 다이치로.

모리나가의 마스코트인 엔젤의 모습. 100년이 넘는 시간 동안 엔젤의 모습도 조금씩 변모했다.
왼쪽은 과거의 엔젤 로고, 오른쪽은 현재의 로고.

구 3바퀴 반을 돈다고 소개될 정도였다. 모리나가의 개척자 정신은 연혁에서도 드러난다. '일본 최초'란 수식어가 수없이 많다.

일본에서 처음으로 코코아에서 직접 제조한 초콜릿(1918년), 코코아(1919년), 분유(1921년), 페니실린(1944년), 인스턴트커피(1960년)를 개발했고, 1919년에는 일본 처음으로 8시간 노동제를 도입하기도 했다. 초콜릿 판촉수단으로 1960년 밸런타인데이를 처음 활용한 것도 모리나가제과였다.

오래된 것과 새로운 것의 조화

도쿄 미나토(港) 구에 자리한 모리나가 본사 건물은 연매출 1천400억 엔이 넘는 회사라고는 보이지 않을 정도로 좁고 노후했다. 꼭대기 층에 마련된 전시실도 비좁고 남루하다. 전국에 흩어져 있는 공장 5개가 최첨단 시설을 갖춘 것과는 사뭇 비교된다.

일본의 과자시장은 연간 2조 3천억 엔 규모. 이중 생과자류가 1조 엔대를 차지하고 나머지가 사탕, 캐러멜 등 대량 생산되는 '유통 과자'다. 이중 모리나가 과자가 차지하는 비율은 10퍼센트가량이다.

모리나가가 생산하는 과자는 100년째 만들어져 온 초콜릿과 쿠키, 90년째 같은 이름으로 생산되는 캐러멜 등 오랜 역사를 자랑한다. 그러나 모리나가는 이런 전통 브랜드와 더불어 매년 300여 개의 신제품도 선을 보인다. 이중 단 1, 2개가 히트상품으로 남는다.

아라이 도루(新井徹) 본사 홍보부장은 이처럼 쉴 새 없이 신제품을 만들어내는 이유에 대해 "세상에 없는 것을 제공하여 어린이들을 행복하게 하고 싶다는 창업자의 개척자 정신이 모리나가 사람들의 DNA에 각인되어 있기 때문"이라고 말한다.

'변하지 않는 맛'을 표방하려면 조금씩 변해야 한다는 점도 시사적이

모리나가제과의 옛날 광고 포스터.

한국에서도 많이 알려진 모리나가의 밀크캐러멜. 오른쪽이 과거의 밀크캐러멜 포장이다.

다. 사실 90년 넘게 한결같이 생산되어 온 밀크캐러멜도 시대에 따라 조금씩 성분을 조정하며 맛이 달라졌다고 아라이 홍보부장은 귀띔했다.

▶ 모리나가제과의 경영 제언

1. 환경에 맞추어 변해야 변하지 않는다.
2. '최초'가 되려면 신제품 출시를 두려워 마라.

사우라
– 동북의 명주(名酒)

✚ 사우라 개요

- 창업 연도 | 1724년
- 본사 소재지 | 미야기 현 시오가마 시
- 연매출액 | 29억 7천만 엔(약 260억 원)
- 종업원 수 | 약 100명
- 사업 내용 | 청주 제조판매, 골프장 운영
- 청주 출하량 | 2천397킬로리터
- 홈페이지 | www.urakasumi.com

'지방 청주'의 자존심

《일본 미야기(宮城) 현 시오가마 시에 자리 잡은 '사우라(佐浦)'는 일본의 어지간한 소도시에 한두 개는 있게 마련인 전형적인 청주 제조업체였다. 제조 공정에 대한 설명을 들어가며 본사 공장 안을 전부 둘러보는 데는 10분이 채 걸리지 않았다. 공장에서 가장 넓은 면적을 차지하는 곳은 찐쌀, 누룩, 물 등을 통 안에 넣고 효모균을 이용하여 천천히 발효시키는 담금장이었다. 1층에는 지름 3미터가량의 통이 10개 안팎, 2층에는 지름이 1미터 남짓한 통이 10개 안팎 놓여 있는 정도였다. 담금장 안의 나무 기둥이나 들보는 온통 닳고 파인 자국 투성이로 150년이라는 세월의 흔적이 고스란히 남아 있었다.》

명공(名工)이 명주를 만든다

겉보기는 낡고 허름하지만 사우라는 일본 청주 애호가치고 모르는 이
가 없는 명주(名酒) 제조업체다. 특히 이 회사가 1973년 발매한 '우라카스
미젠(浦霞禪)'은 1970년대 중반 '지방 청주 붐'을 이끌었던 명주 가운데
하나로 해외에도 알려져 있다.

1천800개가 넘을 정도로 청주 제조업체가 많은 일본에서는 업체 소
재지 밖으로만 나가도 아는 사람이 거의 없는 무명 브랜드가 태반이다.
그런데도 광고 한 줄 내보내지 않는 사우라가 일본 전국은 물론 해외에
까지 이름을 알리게 된 원동력은 무엇일까.

사우라 고이치(佐浦公一) 사우라 사장은 한마디로 "품질"이라고 말했다.

2007년 10월 도쿄(東京)에서 한 민간단체 주최로 열린 제25회 전국주
류콩쿠르의 결과는 사우라 사장의 말을 뒷받침한다. 대음양주, 순미대
음양주, 본양조주 등 3개 부문의 왕좌를 가리는 이 대회의 대음양주 부
문에서 사우라가 1위를 차지했다. 전문가 6명의 블라인드 테스트(브랜드를
가리고 하는 심사)에서 최고점을 얻었고 청주 애호가들의 인기투표에서는
130표 가운데 127표를 휩쓸었다.

사우라가 이처럼 애호가들의 사랑을 받는 비결을 이야기할 때 빼놓을
수 없는 존재가 술을 빚는 전 과정을 감독하고 책임지는 양조기술자, 즉
'도지(杜氏)'다. 청주 제조에는 '감'과 오랜 경험에 따라 전혀 다른 결과
가 나타나는 미묘한 공정이 수없이 많기 때문에 도지의 실력이 곧 청주
의 맛이라고 사우라 사장은 설명했다.

1949년 입사하여 1960년부터 도지로 일해 온 히라노 주이치(平野重一, 79)
씨는 1989년 '현대의 명공(名工)'으로 노동상(相) 표창을 받은 데 이어
1993년에는 훈장까지 받은 실력파다. 그는 2007년 12월 명예 도지로

사우라 본사. 겉으로는 낡고 허름해 보이지만,
고집 있는 명공들의 자취가 느껴진다.

사우라 본사 공장에 있는 담금장.
이 드럼통 안에서 효모균을 천천히 발효시킨다.

한발 물러앉았지만 지금도 틈틈이 현장에 들러 '술 만들기의 기본'을 지도하고 있다. "술을 만드는 기술자는 언제나 1년생"이라는 게 그의 지론이다.

명공을 키운 품질지상주의와 순혈주의

사우라에서 그와 같은 명공이 탄생한 것은 결코 우연의 산물이 아니다. 제2차 세계대전 후 일본의 청주업계는 심한 기복을 겪었다. 패전 직후에는 원료인 쌀 자체가 귀했기에 간신히 연명하는 수준이었다. 그러나 일본 경제가 고도성장의 물결을 타면서 청주 수요는 급증하기 시작했다.

전성기인 1970년대 중반에는 청주 제조업체가 4천 개를 넘어섰다. 일부 대형 업체는 공급 물량이 부족하자 다른 회사의 청주를 사다가 자기 회사의 청주와 섞어서 파는 '가이자케(買い酒)'를 일반화했다. 싸구려 청주도 무더기로 쏟아져 나왔다. 이런 환경에서도 사우라는 외형이나 이익에는 거의 관심을 갖지 않고 품질 개선에만 매달렸다. 다른 업체들이 호황을 구가하는 이 시기가 사우라에는 거꾸로 최대의 시련기였다.

하지만 청주 붐이 내리막길로 접어들자 처지는 정반대로 바뀌었다. 1970년대 중반 이후 지금까지 청주 소비량이 반으로 줄어들면서 2천 200여 업체가 문을 닫았다. 반면 사우라는 매년 주문량이 늘어나는 바람에 1994년 인근 도시에 제2공장까지 지었을 정도였다. 이때도 사우라는 '가이자케'를 일절 하지 않는 보수적인 경영으로 일관했다. 효모도 기존 상품을 사다 쓰는 관행을 따르지 않고 스스로 배양해서 사용하는 방침을 고수하고 있다. 이처럼 품질지상주의와 순혈주의를 고집했기에 명공이 탄생할 수 있었다는 것이다.

담금장 입구에 있는 담금통은 사우라의 역사와 품질지상주의를 대변해준다.

사우라가 자랑하는 청주 제품들.

사우라 사장은 "중소기업이 오래 살아남으려면 절대로 대기업을 흉내 내서는 안 된다."면서 "품질을 높이는 것 외에는 어떤 경쟁에도 휘말려 들지 않는다는 것이 우리 회사의 경영 방침"이라고 말했다.

일본 청주의 종류

구분		내 용	
종류		보통주	특정 명칭주가 아닌 청주
	특 정 명 칭 주	본양조(本釀造)주	정미(精米)도 70퍼센트 이하(벼 겉 부분을 30퍼센트 깎아냈다는 뜻)
		음양(吟釀)주	정미도 60퍼센트 이하
		대음양(大吟釀)주	정미도 50퍼센트 이하
		순미(純米)주	양조알코올을 전혀 사용하지 않은 청주
		기타	순미음양주, 순미대음양주, 특별순미주, 특별본양조주 등

일본 청주의 제조 과정

제조공정		
	정미(精米)	벼 겉 부분을 깎아냄.
	증미(蒸米)	뜨거운 수증기로 쌀을 찜.
	누룩 만들기	찐쌀을 원료로 누룩을 만듦
	담금	찐쌀, 누룩, 물, 효모균을 통 안에 넣어 저온에서 발효시킴.
	압착	압착기를 이용하여 술과 술지게미를 분리함.
	가공	압착기에서 나온 술을 저장, 여과, 가열, 가공함.

▶ **사우라의 경영 제언**

　1. 최고의 전문가를 양성하라.

　2. 제품의 고유한 특성을 지켜가라. 그러면 명품이 된다.

산토리
-마케팅의 귀재

✚ 산토리 개요

- 창업 연도 ┃ 1899년
- 연매출액 ┃ 1조 4천948억 엔(약 14조 3천650억 원)
- 부문별 매출액 ┃ 식품부문 8천309억 엔, 주류부문 5천352억 엔, 기타 1천287억 엔
- 종업원 수 ┃ 2만 790명
- 경영체제 ┃ 비상장 가족경영
- 본사 소재지 ┃ 오사카 시 기타 구
- 홈페이지 ┃ www.suntory.co.jp

"실패는 성공의 약" 45년 적자도 이겼다

《가이코 다케시(開高健)와 야마구치 히토미(山口瞳)는 일본에서 최고 권위를 자랑하는 아쿠타가와상과 나오키상을 각각 받은 소설가다. 이들에게는 한 가지 공통점이 있다. 산토리 선전부 출신이라는 사실이다. 쟁쟁한 인재가 포진한 산토리 선전부는 일본 광고사(史)에 남는 명작 CF를 수도 없이 만들어냈다. 일본 산업계에는 지금도 "선전하면 산토리"라는 말이 있을 정도다.》

와인에서 '파란 장미'까지

한국에서는 산토리는 위스키회사 정도로 알려져 있다. 하지만 이는 잘못된 선입견이다. 도리이 신지로(鳥井信治郎) 창업주가 산토리의 전신인 도리이상점을 오사카(大阪)에 설립한 것은 1899년이었다. 처음에는 포도주를 만들어서 파는 것부터 시작했다.

도리이 창업주가 위스키에 발을 뻗은 것은 1923년의 일이다. 그는 이듬해까지 2년에 걸쳐 교토(京都) 교외의 야마사키(山崎)라는 곳에 일본 최초의 몰트위스키 증류소를 건설했다. 이어 1929년에는 일본 최초로 본격 위스키를 발매했다.

도리이 창업주의 뒤를 이어 경영권을 잡은 사지 게이조(佐治敬三·창업주의 차남) 2대 사장은 아버지가 일구어놓은 위스키사업을 발판으로 맥주사업과 식품사업, 의약사업에 진출했다. 또, 3대 사장은 화훼, 건강식품, 소주 등으로 사업영역을 확대했다.

2008년 3월 현재 연간 매출을 보면 식품부문(특히 음료)의 매출이 8천 309억 엔으로 주류부문의 매출 5천352억 엔을 압도한다.

산토리의 사업 중에는 파란 장미 제조와 판매도 포함되어 있다. 원래 장미의 유전자에는 파란 색소가 없다고 한다. 따라서 아무리 교배를 해도 파란 장미를 재배하는 것은 불가능하다는 것이 정설이었다. 장미의 나라인 영국에서는 '파란 장미'가 불가능하다는 관용구로 쓰이기도 한다. 하지만 산토리는 2004년 6월 오스트레일리아의 한 바이오벤처기업과 공동으로 파란 장미를 개발하는 데 성공했다.

세계 양주사에 남는 '올드 신화'

작은 포도주 회사에서 시작한 산토리를 세계적인 유명기업으로 만들

산토리 공장의 배양실.

산토리가 개발한 파란 장미. 산토리 홀에도 걸려있다.

어놓은 것은 위스키 '올드' 다.

일본에서는 전후 혼란이 수습되고 경제성장이 궤도에 오르면서 위스키를 찾는 수요가 급격히 늘어났다. 이런 분위기를 타고 산토리는 1960년대 후반 올드의 매출 상승세에 탄력을 붙이기 위해 전통요리점에 위스키를 보급하는 '젓가락 작전'을 전개했다.

하지만 '일본 요리에는 일본 술(청주)'이라는 고정관념이 강한 현실에서 '젓가락'(전통요리)과 '위스키'의 이미지를 하나로 통합시키는 것은 어려운 숙제였다. 이 난제를 단번에 해결한 것이 1970년에 내놓은 신문광고였다. 초밥집 주인이 가게 문을 닫은 뒤 혼자 카운터에 앉아 올드를 마시는 모습을 담은 광고는 폭발적인 반향을 불러일으켰다.

1970년 100만 상자였던 올드의 판매량은 1974년 500만 상자, 1978년에는 1천만 상자로 급증했다. 1980년에는 단일 위스키 브랜드 연간 최대 판매기록인 1천240만 상자(1억 4천400만 병)를 넘어섰다.

"40년 적자쯤이야"

산토리의 109년 역사가 올드와 같은 성공 상품의 이야기로만 이루어진 것은 아니다. 1963년 발을 디딘 맥주사업은 2007년까지 45년간 적자를 냈다. "올드가 그렇게 많이 팔릴 줄 몰랐고, 맥주가 그렇게 안 팔릴 줄 몰랐다."는 말을 자주했던 사지 게이조(佐治敬三) 전 사장은 맥주가 흑자를 내는 것을 단 한 번도 못 본 채 1999년 눈을 감았다.

오너 일가의 비원이 서린 맥주사업에 처음으로 흑자의 싹이 보인 것은 2006년. 2003년 발매한 '더 프리미엄 몰츠'가 세계적 주류 콘테스트인 몬도셀렉션에서 2005년, 2006년 연속 맥주 부문 최고금상을 수상하면서 비약적인 판매량 증가를 보였다.

맥주 부문 임직원들은 40년 숙원을 풀게 되었다며 눈물을 감추지 못했지만 의외의 복병이 기다리고 있었다. 오너 겸 최고경영자인 사지 노부타다(佐治信忠) 회장이 "눈앞의 흑자에 연연하지 말고 장기적인 성장을 위해 투자를 늘리라."고 지시한 것. 결국 투자를 늘리다보니 흑자 전환은 뒤로 미룰 수밖에 없었다.

실패의 교훈이 '대박'을 낳다

산토리의 경영진은 적자에 의연한 만큼이나 실패에 대해서도 대범하다. 산토리가 맥주만큼 쓴맛을 본 상품이 녹차음료다. 1993년 '산토리 녹차'를 시작으로 3년이 멀다 하고 신제품을 내놓았지만 번번이 실패했다. 심지어 2001년에는 '녹차의 저주'를 벗어나기 위해 '주쿠차(熟茶)'라는 발효차까지 내놓았지만 결과는 산토리 청량음표 판매 사상 최악의 실패였다.

다른 회사 같으면 상품개발 담당자들이 모두 바뀌고도 남을 일이었다. 하지만 산토리 경영진은 그 팀에 다시 신상품 개발을 맡겼다. 이 팀은 '후쿠주엔'이라는 녹차 전문 제조업체와 손을 잡고 연구를 거듭한 끝에 2004년 3월 16일 신제품 '이에몬'을 시장에 선보였다.

산토리가 500밀리리터 제품의 첫 달 판매량으로 예상한 50만 상자(24병 들이)는 3일 만에 동이 났다. 이에몬은 연말까지 무려 3천420만 상자가 팔리면서 청량음료 신상품 발매 첫해 최다 판매기록을 갈아치웠다.

이듬해에는 판매량 5천만 상자를 돌파했다. 일본의 청량음료 판매 역사에서 연간 판매량이 5천만 상자를 넘어선 브랜드는 '포카리스웨트'와 '아쿠아리스' 등 8가지에 불과하다. 더구나 2000년 이후에는 이에몬이 유일하다.

산토리의 제품들. 산토리는 위스키뿐만아니라 맥주, 녹차, 청량음료, 발효차 등 다양한 제품을 개발하는 데 투자를 아끼지 않는다.

산토리의 위스키 저장고. 산토리의 위스키 '올드'는 효과적인 광고 전략으로 단숨에 위스키 시장을 평정했다.

니와 도루(丹羽徹) 산토리 홍보부 과장은 "이에몬이 성공한 것은 실패의 교훈을 살릴 수 있었기 때문"이라면서 "맥주 부문에서 고전한 것도 올드의 성공에 도취해 나태해지기 쉬웠던 영업조직에 긴장감을 불어넣는 약이 되었다."고 말했다.

▶ 산토리의 경영 제언

1. 신제품 개발은 장기적인 안목을 가지고 하라.

2. 연구개발자들의 실패까지 믿어주어라.

3. 마케팅도 R&D다.

산토리의 이익 삼분(三分)주의

을씨년스러운 봄비가 하루 종일 흩뿌린 2008년 4월 19일 도쿄(東京) 미나토(港) 구 산토리홀. 오후 5시 반 개장을 알리는 음악이 울려 퍼지자 근처 카페에서 커피를 마시던 사람들이 일제히 입구로 몰려들었다. 홀 안팎에는 턱시도와 정장을 차려입은 직원 30여 명이 미소 띤 얼굴로 이들을 안내했다. 직원들의 몸에 밴 서비스 태도는 물론 실내장식의 고급스러움과 청소 상태 등도 콘서트홀이라기보다는 특급호텔에 가까웠다. 메인 홀 곳곳에 배치된 안내 요원들은 연주회가 진행되는 동안 불편을 느끼는 고객이 없는지 주의 깊게 지켜보았다.

핫탄다 히로시(八反田弘) 수석 코디네이터는 "산토리홀은 단순히 음악만 즐기는 콘서트홀이 아니라 고객이 산토리의 서비스를 만나는 곳"이라면서 "서비스 사각지대가 생기지 않도록 안내 직원만 120명이(교대로) 근무한다."고 말했다.

2006석 규모의 메인 홀에 장애인을 위한 특수주문 좌석까지 설치하는 등 소수자 배려에도 빈틈이 없었다. 산토리가 심혈을 기울여 운영하는 산토리홀은 일본이 세계에 자랑하는 클래식음악 전문 콘서트홀이다.

산토리는 1980년대 중반 '세계 최고'를 목표로 수익금을 아낌없이 쏟아 부어 이곳을 지었다. 산토리의 열정에 감복한 세계적 지휘자 헤르베르트 폰 카라얀은 건설회사 연구소까지 직접 찾아가 계단 배치 등 세세

클래식음악 전문 공연장인 산토리홀의 내부.

장애인을 위한 특수주문 좌석(위), 휠체어 리프트 장치(아래)까지 세심하게 마련된 산토리홀은 극찬을 받는 콘서트홀 중의 하나다.

한 부분에 대해서도 조언을 아끼지 않았다.

홀 자체가 하나의 훌륭한 악기라는 평가를 받는 산토리홀에는 일본 국내는 물론 세계 각지에서 연주회 요청이 끊이지 않는다. 메인 홀의 경우 연간 연주회가 350회나 열린다.

후쿠모토 도모미 부지배인은 "시설과 서비스를 세계적인 수준으로 유지하면서 이처럼 많은 연주회를 소화하기 위해서는 엄청난 비용이 든다."면서 "산토리의 이익삼분(三分)주의가 있기 때문에 가능한 일"이라고 설명했다.

이익삼분주의란 기업이 번 돈 중 3분의 1은 소비자를 위해, 3분의 1은 사회를 위해 쓴다는 발상. 산토리는 이 정신에 따라 미술관, 박물관, 음악재단, 문화재단 등도 운영하고 있다.

시오세총본가

-660년 '만주' 한 우물

"660년 전통 비결은 商 아닌 匠"

《658년 전통의 도쿄 시오세(鹽瀨)총본가 본사 매장에는 눈이 어지러울 정도로 다양한 디자인과 화려한 색상의 만주(饅頭·일본식 만두)와 일본과자가 진열되어 있었다. 볶은 고기와 야채 덩어리를 흰 밀가루 반죽으로 싼 보통 만두일 것이라는 상상은 완전한 착각이었다.》

시대 흐름을 호흡하는 '상(商)'

가와시마 에이코(川島英子·83) 회장은 통성명을 하자마자 매장 벽에 걸린 큼지막한 간판을 가리켰다. '일본 제일 만주 제조소'. 무로마치 막부시대의 8대 쇼군(將軍) 아시카가 요시마사(足利義政·1449~1473)의 친필 휘호를 떠서 만들었다고 한다. 그러나 시오세총본가의 역사는 이보다 100년 이상을 더 거슬러 올라간다. 1349년 중국에서 건너온 린조인(林淨因)이 승려들을 위해 고기 대신 팥을 넣어 만든 만주를 공급한 것이 시작이었다.

전업주부였던 가와시마 회장이 시오세총본가의 34대 사장에 취임한 것은 1980년 2월.

"630년을 이어져 내려온 노렌(暖簾·가게 문 앞에 내거는 상호가 적힌 천)을 내리지 말아 달라."

경영을 맡고 있던 모친이 급서하면서 남긴 당부를 외면할 수 없었다. 가와시마 회장은 과거 '일본 과자의 신'이라고 불렸던 부친의 제자들을 찾아다니면서 제조법을 배우는 동시에 새 판로 개척에 나섰다.

당시 시오세총본가 매출의 대부분은 결혼식 선물용 주문 만주였다. 가와시마 회장은 출산율 저하 등의 영향이 본격적으로 나타나면 매출이 급감할 것이라는 사실을 직감했다. 1983년 마침내 마쓰야 백화점 도쿄 긴자(銀座)점과 매장 신설 합의가 성사되었다.

기존 사원들은 "지금 하고 있는 사업만으로도 일손이 달린다."며 거세게 반발했다. 하지만 가와시마 회장은 자신이 제품 네이밍(Naming)과 디자인을 직접 하면서 백화점 진출을 고집스럽게 밀어붙였다. 그의 예상대로 결혼 선물 시장은 이후 급속히 위축되었다. 현재 이 회사의 총매출에서 차지하는 비중이 10퍼센트에도 못 미친다. 그의 선견지명과 고집이 없었다면 시오세총본가는 문을 닫을 뻔했던 셈이다.

가와시마 회장이 '일본 제일 만주 제조소'
라고 적힌 시오세총본가 본사 내부의 간판
을 소개하고 있다. 간판의 내용만큼이나 자
사의 만주에 대한 자부심이 대단하다.

시오세총본가의 만주. 만주피가 얇고 부드러워서 전량 수작업으로 만들고 있다.

하지만 가와시마 회장은 "우리 회사가 658년간 살아남은 비결은 상(商·영업)이 아니라 장(匠·제조)에 있다."고 강조했다. 그는 또 경영자는 회사의 주역인 직인(職人)을 키우고, 격려하고, 돕는 부수적인 존재일 뿐이라고 강조했다.

658년간 변함없는 '장(匠)'

시오세총본가는 지금도 창업 당시와 똑같이 수작업으로 만주피를 만든다. 밀가루 대신 마와 쌀가루를 섞어 얇게 만주피를 만들어야 하므로 기계화가 불가능하기 때문이다.

가와시마 회장은 "1개 지역의 생산량으로는 제조 물량을 충당할 수 없어 4개 지역에서 마를 조달한다. 그런데 마는 산지와 날씨에 따라 점성(粘性) 등이 다르다. 20년 이상 수련을 쌓은 직인만이 이런 변덕에도 불구하고 맛과 촉감이 똑같은 만주피를 빚을 수 있다."고 설명했다.

타고난 직인이었던 가와시마 회장의 부친은 재료나 배합 비율에 조금이라도 차이가 생기는 것을 허락하지 않았던 것으로 유명하다. 이 때문에 당시 직인들 사이에서는 "시오세총본가에는 죽을 각오를 하고 들어가야 한다."는 말이 나왔을 정도다. 가와시마 회장의 부친은 전후(戰後)에 설탕 공급이 끊기자 사카린 등 대체 감미료를 사용하는 대신 가게 문을 닫는 쪽을 선택했다고 한다.

가와시마 회장은 사장을 맡고 있는 아들에게 틈이 날 때마다 입버릇처럼 당부한다.

"회사를 너무 키우지 마라. 경영자의 눈이 닿지 않는 곳이 생기면 안 된다. 기계화가 불가능한 우리 회사는 지금이 적당한 규모다."

그에게 "만주피 재료를 바꿔 기계화를 하면, 무리를 하지 않으면서도

시오세총본가의 본사 매장 전경.

시오세총본가의 다양한 만주.

회사를 성장시킬 수 있지 않느냐?"는 질문을 던져보았다. 가와시마 회장은 한순간의 망설임도 없이 대답했다.

"그건 시오세총본가의 만주가 아니다."

▶ 시오세총본가의 경영 제언

1. 근본을 지키기 위해 바꿀 수 있는 것은 모두 바꾸는 것이 혁신이다.

2. 회사 내에 경영의 사각지대가 없어야 한다.

3. 직인을 키우는 것이 경영자의 의무다.

노렌(暖簾)

시오세총본가는 도쿄 최고의 상업지인 긴자에서 승용차로 5분도 채 걸리지 않는 거리에 자리를 잡고 있다. 가와시마 회장이 이 자리에 가업을 계승하지 않고 아파트를 지었더라면 임대수입으로 더 편한 생활을 할 수 있었을지 모른다. 그가 편한 길을 놓아두고 험난한 사업의 길로 들어선 것은 "노렌을 지켜달라."는 어머니의 유언 때문이었다. 이 이야기를 다시 한 번 꺼내는 이유는 노렌이 일본인들에게 갖는 각별한 의미를 설명하기 위해서다. 일본이 왜 시니세 왕국이 되었는지를 알기 위해서는 먼저 노렌이 무엇인지 숙지할 필요가 있다.

노렌이란 원래 불교의 선종에서 발[簾]의 틈새를 덮는 바람막이 천에서 유래했다. 하지만 지금은 일본의 상점들이 가게 앞에 내거는 천을 말한다. 일본의 상점들은 문을 열때면 노렌을 내걸고 문을 닫을 때는 노렌을 거두어들인다. 노렌에는 대개 상호나 문양이 새겨져 있다. 여기에서 더 나아가 노렌은 그 상점이나 기업을 대표하는 상징이라는 뜻으로 쓰인다.

예컨대 일본에서는 가게나 기업이 폐업하는 것을 '노렌을 내린다'고 말한다. 또, 기업이 사회적 물의를 일으켰을 때는 '노렌을 더럽혔다'고 말한다. 과거 일본에서는 장사를 도제식으로 배웠다. 한곳에 들어가 수십 년을 열심히 일해서 주인으로부터 인정을 받으면 그 가게의 상호로 분점을 낼 수 있었다. 일본어로는 이를 '노렌 나누기'라고 한다. 노렌 나누기 전통은 각 상점마다 방침이 달랐다. 예컨대 시오세총본가는 '노렌 나누기'에 개방적이었다. 반면 다음 회에서 다루게 될 도라야는 절대로 '노

시오세총본가 본사 앞에 걸려 있는 노렌. 기업의 역사와 의미를 말해주는 상징적인 물건이다.

렌 나누기'를 허용하지 않은 것으로 유명하다.

노렌을 영어에 비유하면 브랜드에 가장 가깝다고 할 수 있지만 반드시 일치하는 것은 아니다. 예컨대 일본에서는 기업을 인수, 합병할 때 사용하는 회계학 용어로 '노렌대금'이라는 것이 있다. 노렌대금은 매수자가 매도자에게 지급하는 것으로 브랜드가치, 영업권, 각종 노하우 등 무형의 자산에 대한 대가를 뜻한다. 즉 노렌은 브랜드보다도 포괄적인 개념이다.

노렌과 더불어 시니세문화를 이해하는 데 필수적인 개념이 '슈메이(襲名)'다. 슈메이란 아버지의 이름을 물려받는 것을 말한다. 이런 전통은 가부키와 라쿠고 등 예능계통에서 주로 행해지는 풍습이지만 일부 시니세에서도 아직 남아 있다. 예컨대 호시료칸의 사장은 1대부터 46대까지 모두 '호시 젠고로'다. 슈메이는 주로 아들이 하게 되지만 아들이 없을 때는 양자나 사위에게 이름을 물려주는 사례도 많다. 일본에서 시니세가 많은 이유는 이처럼 아버지가 남긴 가업을 아들이 잇는 것을 당연시하는 문화도 큰 원인을 제공했음이 분명하다.

제조·공예

가메노코다와시

－친환경 천연 세정(洗淨)용구

✚ **가메노코다와시 개요**

- 창업 연도 ┃ 1907년
- 본사 소재지 ┃ 도쿄 도 기타 구
- 연매출액 ┃ 8억~10억 엔
- 종업원 수 ┃ 50명
- 홈페이지 ┃ www.kamenoko-tawashi.co.jp

야자섬유로 엮은 '100년 자존심'

《인간의 수명과 반대로 기업의 수명은 매년 짧아지고 있다는 연구 결과가 많다. 맥킨지컨설팅에 따르면 1935년만 해도 기업의 평균수명은 90년이었지만 최근에는 15년으로 줄었다고 한다. 70년간 약 6분의 1로 줄어든 셈이지만 기업의 평균수명은 그래도 상품의 평균수명에 비하면 긴 편에 속한다. 식품이나 생활용품 업계 등에서는 매년 수천 종의 신제품이 쏟아져 나오지만 대개 2년을 넘기지 못하고 사라진다. 100년 기업이 유독 많은 일본에서도 창업 당시의 상품을 지금까지 주력 상품으로 판매하는 업체는 거의 찾아보기 어렵다. 하지만 100년 동안 변함없이 일본 가정의 주방과 욕실을 지키고 있는 '가메노코다와시'는 경영학의 상식에서 벗어난 희귀 사례라 할 수 있다.》

품질검사는 반드시 내 눈으로

가메노코다와시는 야자의 섬유를 철사로 엮어 만든 것으로 일본식 수세미라고 할 수 있다. 생김새가 새끼거북을 닮았다고 해서 가메노코(龜の子)라는 수식어를 붙였다. 1907년 니시오 쇼자에몬(西尾正左衛門) 가메노코다와시 니시오상점 창업주가 처음 만들었을 때만 해도 하나의 상표에 불과했지만 지금은 일반명사나 다름없이 쓰인다.

가메노코다와시 니시오상점은 도쿄(東京)도 기타(北)구 니시스가모(西巢鴨)의 한 상점가 안에 자리 잡고 있다. 본사 용지 안에 있는 공장에서는 종업원들이 가메노코다와시를 포장하기에 앞서 조금이라도 결함이 없는지 확인하느라 여념이 없었다.

이 회사 기획부의 하마다 구미코(濱田久美子) 씨는 "원가를 줄이기 위해 반제품 상태까지는 원료의 생산지인 스리랑카에서 협력업체를 통해 만들고 있다."고 설명했다. 그는 "하지만 제품의 품질관리를 철저히 하기 위해 마지막으로 제품 결함을 검사하고 포장하는 공정만큼은 일본에서 진행한다."고 덧붙였다.

일본에서 철저하게 품질검사를 한다고 해서 스리랑카에서 검사를 생략하는 것도 아니다. 하마다 씨는 "본사와 스리랑카공장의 검사항목을 합하면 약 30가지"라면서 "제품에 조금만 결함이 있어도 바로 폐기한다."고 말했다.

가격은 유사제품의 6배

가메노코다와시 니시오상점은 부엌용 외에도 마사지용이나 장식용 등 다양한 수세미를 만들고 있지만 역시 주력 상품은 창업 당시와 비교하여 모양이나 크기, 소재, 작업공정이 전혀 바뀌지 않은 '가메노코다

가메노코다와시 본사.

종업원들이 가메노코다와시를 포장하기 전에 제품에 이상이 없는지 확인하고 있다. 포장 전뿐만 아니라 품질 검사는 각 공정마다 실시된다.

일본식 수세미인 가메노코다와시 1호.

가메노코다와시의 원료인 야자열매 섬유. 원료 선정부터 제품 포장까지 철저하게 품질제일주의를 고수하고 있다.

가메노코다와시를 만드는 공정.

와시 1호' 다.

이 제품의 현재 판매가격은 개당 294엔. 2개를 한 포장에 담아 100엔에 파는 일부 유사제품에 비하면 6배나 비싼 셈이다. 그 이유에 대해 이 회사 니시오 마쓰지로(西尾松二郎) 사장은 "좋은 품질을 유지하기 위해 경쟁업체들보다 몇 배나 많은 노력을 기울이기 때문"이라고 설명했다.

이 회사가 품질제일주의를 관철시키는 분야는 검사공정뿐만이 아니다. 가메노코다와시 니시오상점은 제품의 원료로 질 좋은 야자열매만을 고집한다. 또, 야자열매의 섬유 중에서도 좋은 부분만 골라 쓰고 나머지는 미련 없이 버린다. 이 때문에 사람 머리통보다 큰 야자열매 한 개에서 주먹만 한 가메노코다와시 한 개를 만들어내는 것이 고작이다. 품질제일주의가 소비자들의 신뢰를 얻은 덕분에 이 회사는 변형제품을 합하면 전성기 때와 비슷한 연간 600만 개의 수세미를 판매하고 있다.

열성 팬의 편지

가메노코다와시가 전성기를 구가한 것은 1950, 60년대였다. 일반 가정에 세제가 보급되면서 가메노코다와시가 수세미시장에서 차지하는 비중은 급속히 줄어든 것이 사실이다. 가정용 수세미의 점유율만 보면 스펀지형이 40퍼센트인 데 비해 가메노코다와시 1호는 8퍼센트 정도로 추산되고 있다. 하지만 니시오 사장은 "가메노코다와시는 자연소재로 만들었고 세제 없이도 쓸 수 있기 때문에 환경이 소중해질수록 가치를 새롭게 인정받을 것"이라면서 "최소한 앞으로도 100년간은 살아남을 것"이라고 자신했다.

하마다 씨는 "열성 팬이 많다는 점도 가메노코다와시의 값진 자산"이라며 한 통의 편지를 보여주었다. 뉴욕에 사는 한 일본인 주부가 닳아서 못 쓰게 된 가메노코다와시와 함께 보냈다는 편지였다.

"어머니의 영향으로 저도 가메노코다와시를 애용해 왔습니다. 동봉한 다와시는 뉴욕에 와서도 3년간 사용한 것인데 차마 버리지 못해서 한 번쯤 고향 구경하라고 일본으로 돌려보냅니다. 내일부터는 새것을 꺼내 쓸 예정인데 벌써부터 마음이 두근거리네요."

▶ 가메노코다와시의 경영 제언

1. 품질 관리가 곧 고객 관리다.
2. 특별한 제품 이미지로 고객을 열성팬으로 만들어라.

기타이치 가라스
-오타루의 관광명소

✚ 기타이치 가라스 개요

- 창업연도 │ 1901년
- 창 업 자 │ 아사하라 히사키치(淺原久吉)
- 업　　종 │ 유리제품 제조 및 판매, 수입, 찻집 및 레스토랑 경영
- 연매출액 │ 약 30억 엔
- 종업원 수 │ 346명(정규사원 139명)
- 본사 소재지 │ 홋카이도 오타루
- 홈페이지 │ www.kitaichiglass.co.jp
- 특기사항 │ 10개 매장은 모두 오타루 시내에 있음.
- 수　　상 │ 1989년 제1회 오타루 도시경관상
　　　　　　　1989년 노동대신상
　　　　　　　1990년 제4회 도쿄 크리에이션 대상 개발상
　　　　　　　1991년 통상산업대신상
　　　　　　　2003년 홋카이도 지역문화장려특별상, 기업시민문화상

발상의 전환이 '오타루 = 유리' 낳았다

《"기타이치 가라스는 오타루에서만 팝니다." 일본 홋카이도(北海道) 서쪽의 항구도시 오타루(小樽). 메이지(明治) 말기의 흔적이 잘 보존되어 있는 인구 15만의 이 도시는 연간 700만~800만 명의 관광객이 찾는 관광지이자 일본 최고의 유리제품이 생산되는 고장으로 유명하다. 가스등과 운하, 역사적 건축물이 즐비한 거리에서는 '기타이치 가라스(北一硝子)'라는 간판을 도처에서 볼 수 있다.》

지역 명물 상품으로 우뚝

오타루 관광의 필수 코스가 된 기타이치 가라스 3호관을 찾아 창업자의 3대손인 아사하라 겐조(淺原健藏·62) 사장을 만났다. 창업자 아사하라 히사키치(淺原久吉)는 오사카(大阪)에서 유리공법을 배운 뒤 1901년 오타루로 터전을 옮겨 석유램프를 만들었다. 오타루가 홋카이도 개척의 관문으로 번성하던 시절이었다. 당시 회사 이름은 '아사하라 가라스'. 그 뒤 그는 청어 잡이에 사용하는 '우키타마(부낭)'를 개발하여 홋카이도 어업의 역사를 다시 쓰게 했다는 평을 얻었다. 낙농 농가를 돌며 개량을 거듭한 뒤 내놓은 우유병은 공급이 달려 1911년에는 대량생산하기 위해 공장을 세웠다.

2대 히사시게(久重)가 판매부문 책임자가 된 1940년대, 회사는 홋카이도 일대에 공장을 5개나 운영하는 기업으로 성장했다. 그러나 시대는 변하는 법. 전기 보급과 함께 가정에서 석유램프가 밀려났고 어업이 쇠퇴하면서 부낭 수요도 격감했다. 플라스틱과 종이팩의 공습에도 속수무책이었다. 오타루 경제도 차츰 쇠퇴해갔다.

1970년, 25세에 가업을 잇게 된 현 사장 겐조 씨는 중대 결단을 내렸다. 악화된 경영을 타개하기 위해 문을 일단 닫고 새 출발을 하기로 한 것. 주변에서는 반대가 극심했지만 그는 "회사의 존재 방식이 변하고 있다."며 밀어붙였다. "새 회사 이름은 듣기 쉬우면서도 강한 느낌을 주는 '기타(北)'를 넣기로 했습니다. '北'이란 한자가 좌우대칭이라 유리에 새기면 뒷면에서도 읽힌다는 것도 큰 이유였죠."

1971년 '기타이치 가라스'가 탄생했다. 주력 상품도 램프가 아니라 도시생활인을 겨냥한 고급 수제 유리공예품으로 전환했다. 자신은 판매를 맡고 과거의 장인들에게 납품을 의뢰했다. 고객으로 하여금 직접 램

오직 오타루에서만 만날 수 있는 기타이치 가라스 매장. 형형색색의 유리공예품들이 눈길을 끈다.

과감한 결단으로 지금의 기타이치 가라스를 만든 아사하라 겐조(淺原健藏) 사장.

유리알을 다듬고 있는 직원.

기타이치 가라스의 유리공예품들.

프 불빛의 장점을 체험케 하기 위해 찻집과 레스토랑을 열고 그 귀퉁이에서 유리공예품을 팔았다.

마침 전국에 배낭여행 바람이 불었다. 오타루의 유리제품은 배낭족의 선물용으로 팔려나가 전국에 전파되었다. 이렇게 해서 차츰 늘려간 매장이 현재 10곳, 총 6천600제곱미터의 공간에서 340여 명의 종업원이 일한다. 매출은 철따라 들쭉날쭉한 관광객 수와 정확하게 비례한다고 한다.

오타루와 운명을 같이하다

영화 〈러브레터〉의 배경으로도 널리 알려진 오타루지만 관광도시로 부상한 것은 1990년대 들어서의 일이다. 오타루 시민들이 역사와 문화를 보존하는 '마을 만들기' 노력을 한 결과다. 이 과정에서 기타이치 가라스는 선도적인 역할을 했다.

회사의 외형이 변하는 가운데서도 창업자로부터 겐조 씨까지 일관되게 흐르는 것은 '시대의 흐름을 읽고 고객의 생활과 밀착한 제품을 만든다'는 '모노즈쿠리(제조업)' 정신이다.

"회사도 시대와 함께 변해야 합니다. 세상에 필요한 것을 찾아 끊임없이 스스로 변신하는 것, 저는 그것이 창업자의 정신을 살리는 길이라고 생각합니다."

기타이치 가라스의 제품은 오타루 한정 판매를 원칙으로 한다. 통신판매도 하지 않을뿐더러 아예 제품 카탈로그도 없다. 고객이 직접 와서 보고 골라 달라는 것. "도쿄(東京) 같은 곳에 매장을 내는 방안을 검토한 적도 있지만 무엇보다 고객들이 반대합니다. 기타이치 유리제품은 오타루에 와서 사는 게 좋다는 겁니다."

3호관 내에서도 167개의 석유램프만으로 조명을 갖춘 레스토랑 '기타이치 홀'은 아사하라 사장의 자랑거리다. "전국에서 찾아오는 단골들이 '오타루에 램프가 없다면 온기가 느껴지지 않을 것'이라고 합니다. 이분들의 마음만큼 소중한 게 없죠."

▶ 기타이치 가라스의 경영 제언

1. 시대의 흐름과 고객의 요구를 놓치지 마라.

2. 지역과 연계하여 기업 특성을 살려라.

노리타케
-세계적인 명식기 메이커

> **✚ 노리타케 개요**
>
> - 창업 연도 ┃ 1904년
> - 창업자 ┃ 모리무라 이치자에몬(森村市左衛門)
> - 본사 소재지 ┃ 아이치(愛知) 현 나고야(名古屋) 시
> - 홈페이지 ┃ www.noritake.co.jp
> - 연간 매출 ┃ 1천292억 엔(약 1조 원)
> - 사업 분야 ┃ 식기(15%), 공업기자재(35%), 세라믹·재료(22%)
>   환경엔지니어링(18%), 전자(10%)
> - 사   시 ┃ 좋은 물건(良品), 수출, 공영(共榮)
> - 종 업 원 ┃ 5천356명
> - 특기사항 ┃ 노리타케에서 갈라져 나온 기업으로는 TOTO(위생도기), 일본가이시(전
>   력애자), 일본특수도업(자동차 플러그) 등이 있음. 함께 묶어서 '모리무
>   라 그룹'으로 부르기도 함. 모리무라 그룹의 연간 매출은 1조 엔을 크게
>   웃도는 규모.

옹고집으로 빚은 '명품 식기'

《20세기 초반 미국과 유럽에서 일본 상품은 조잡한 싸구려의 대명사였다. 일본이 1868년
메이지(明治)유신과 함께 본격적인 산업화에 발을 내디뎠다는 점을 고려할 때 당연한 일이
다. 하지만 그 무렵에도 서구 선진국의 제품과 어깨를 나란히 하는 고급 브랜드가 전혀 없
었던 것은 아니다. 바로 세계 최초로 진주 양식에 성공한 장신구업체 미키모토와 서양식 식
기업체 노리타케다. 노리타케는 100년간 미국인의 식생활 속으로 깊숙이 파고들어 이젠 노
리타케가 자국의 고가 브랜드라고 착각하는 미국인도 적지 않다.》

일본 브랜드 인정받는 데 앞장

일본 제조업의 심장부인 아이치(愛知) 현 나고야(名古屋) 시가 도요타박물관과 더불어 산업관광 명소로 내세우는 '노리타케의 숲'.

4만 4천960제곱미터에 이르는 터에 자리 잡은 공원, 식기박물관, 크래프트센터(도자기 제조공정을 일반인이 쉽게 이해할 수 있도록 보여주는 곳), 식기전문 매장 등에는 오전 시간인데도 나고야 시민과 국내외 관광객들의 발길이 끊이지 않았다.

노리타케 측이 옛 공장 터의 일부를 활용해 조성한 이곳의 연간 방문객은 40만 명에 이른다.

'노리타케의 숲'에 인접한 낡은 본사 건물에서 아카하네 노보루(赤羽昇) 노리타케 사장을 만났다. 아카하네 사장은 "노리타케가 세계적인 식기회사로 100년 이상 명성을 날린 원동력이 무엇이"는 질문에 "최고의 품질과 서비스로 사회에서 인정받는 기업이 되자는 정신이 줄곧 이어져 내려왔기 때문"이라고 답했다. 그러면서 그는 노리타케가 1940년대 후반 잠시 생산했던 '로즈 차이나' 브랜드에 얽힌 이야기를 시작했다.

신용이 일류 브랜드를 만든다

20세기 초반 미국의 식기 시장은 유럽 고가 브랜드들의 독무대였다. 노리타케는 '좋은 품질에 싼 가격'이라는 강점을 앞세워 빈틈을 파고들었고 제1차 세계대전(1914~1918)을 계기로 미국시장에 단단히 뿌리를 내렸다. 하지만 1941년 발발한 태평양전쟁으로 노리타케는 최대 시장인 미국시장을 통째로 상실했다. 1년 뒤에는 전시총동원에 나선 일본 정부의 명령에 따라 도자기 생산을 중단해야 했다.

노리타케가 생산을 재개할 수 있게 된 것은 일본이 패전한 직후인

노리타케의 숲. 각 공간마다 노리타케의 식기들로 꾸며져 있다.

노리타케의 숲의 매장 일부.

노리타케의 작업 공정을 보여주는 곳이다.

직원이 도색작업을 하고 있다. 노리타케는 최고의 품질이 아니면 팔지 않는다는 원칙 아래 각 공정마다
심혈을 기울인다.

1945년 9월이었다. 노리타케에는 일본에 진주한 미군으로부터 군용식기 주문이 쇄도했다. 연합군총사령부 측은 1947년 품질 좋은 석탄을 공급받을 수 있도록 알선까지 해주면서 식기 생산을 독려했다.

이런 상황에서 노리타케 경영진은 '노리타케 브랜드 사용 중단'이라는 의외의 결정을 내놓았다. 전쟁 와중에 숙련공 층이 엷어지면서 예전과 같은 품질의 제품을 만들 수 없다는 것이 이유였다. 노리타케 경영진은 품질이 과거 수준을 회복할 때까지 '로즈 차이나'라는 브랜드를 쓰겠다고 회사 안팎에 선언했다. 해외로부터 '노리타케 브랜드'를 수출해달라는 주문이 빗발쳤지만, 경영진은 한동안 '로즈 차이나' 브랜드 사용을 고집했다.

"감격에 살고 보수에 죽는다"

대부분의 일반인에게 노리타케는 식기회사로 알려져 있지만 전체 매출에서 식기가 차지하는 비중은 15퍼센트에 불과하다. 나머지 85퍼센트의 매출은 도자기 제조기술과 공정, 소재 등을 응용한 공업기자재, 세라믹, 환경엔지니어링, 전자 등 4개 사업부문에서 나온다.

노리타케는 관리와 연구 부문만을 본사에 두고 식기를 포함한 5개 사업부문은 사실상 분사하여 독자적인 경영을 시키고 있다. 이 같은 경영시스템은 창업 때부터 이어져 내려온 '일업일사(一業一社·1개의 사업에 1개의 회사)'의 전통과 깊은 관련이 있다.

노리타케는 창업 초기부터 유망한 사업을 발견하면 내부에서 싹을 키운 뒤 단일한 기업으로 독립시켜 왔다. 그중에는 일본 화장실용 위생도기용품 시장의 90퍼센트를 차지하고 있는 'TOTO'와 'INAX'를 비롯하여 일본가이시와 일본특수도업 등 내로라하는 우량기업도 포함되어

아카하네 노보루(赤羽昇) 노리타케 사장.

노리타케의 식기 제품.

있다.

노리타케의 초대 사장인 오쿠라 가즈치카(大倉和親)가 1915년 미국을 시찰하면서 사업 아이디어를 얻어 1917년 독립시킨 TOTO는 연간 매출이 5천122억 엔(약 4조 원)으로 노리타케보다 약 4배나 많다. 노리타케의 창업주 모리무라 이치자에몬(森村市左衛門)은 생전에 '사람은 감격(感激)에 살고 보수(保守)에 죽는다'(앞으로 나아가야지 멈추어서는 안 된다는 뜻)는 말을 즐겨했다. 끊임없이 새로운 사업부문과 기업을 탄생시켜 온 노리타케의 100년사는 모리무라 창업주의 말 속에 싹이 들어 있었던 셈이다.

▶ **노리타케의 경영 제언**

1. 브랜드에 대한 고객의 기대를 배신하지 마라.
2. 시너지 효과를 낼 수 있는 새로운 사업을 끊임없이 발굴하라.

마스다야코퍼레이션
– '라지콘' 의 시조

✚ 마스다야코퍼레이션 개요

• 창업 연도 | 1724년
• 사업 내용 | 완구 수출입 판매, 부동산 임대, 외식사업
• 사   원 | 20명(외식사업 부문 제외)
• 본사 소재지 | 도쿄 도 다이토 구 구라마에
• 홈페이지 | www.masudaya.com
• 비   고 | 무선으로 조종하는 장난감 자동차를 세계 최초로 상품화

게임기 홍수 속 빛나는 '장난감 280년'

《1960년대 양철과 플라스틱으로 만든 모형 장난감은 일본을 먹여 살린 주요 수출품 가운데 하나였다. 장난감 수출산업의 비중이 지금과는 비교가 되지 않을 정도로 큰 시절이었다. 이 무렵 도쿄(東京) 다이토(臺東) 구 구라마에(藏前)는 동네가 생겨난 이래 최고의 호경기를 누렸다. 구라마에에는 200개 가까운 장난감 제조도매상(자체 브랜드를 갖고 생산까지 하는 도매상)과 유통도매상이 몰려 있었다. 미국의 연말 쇼핑시즌이 임박할 즈음 구라마에 거리는 장난감을 싣고 내리는 트럭과 자전거 등이 뒤엉켜 온통 북새통을 이루었다.》

'라지콘'을 아시나요?

구라마에 거리는 지금도 장난감 도매상의 거리라는 이름을 갖고 있다. 하지만 이름뿐이다. 현재 구라마에 일대를 둘러보면 장난감의 거리였다는 흔적을 찾기가 쉽지 않다. 레고저팬과 반다이 등 장난감 제조유통업체들이 소유한 건물이 일부 있지만 전체 거리 이미지를 장난감과 결부시키는 것은 무리가 있어 보인다.

특히 1960년대 구라마에 거리의 주역이었던 장난감 제조도매상은 전멸하다시피 했다. 거의 유일한 생존자가 무선조종 장난감 자동차, 즉 '라지콘(Radio Control)'을 1955년 세계 최초로 상품화한 마스다야코퍼레이션이다.

라지콘 외에도 소니콘(Sonic Control·음파로 조종하는 장난감) 등 독창적인 히트상품을 줄줄이 쏟아낸 마스다야코퍼레이션은 구라마에의 장난감 제조도매상 중에서도 독보적인 존재였다. 1965년에는 통상산업성이 주관하는 수출유공기업 표창에서 당당히 금상을 거머쥐었다. 아무리 써도 돈이 남아돌다보니 간부사원들에게 마당이 딸린 단독주택을 한 채씩 사주었을 정도였다.

시련의 쓰나미

하지만 '달도 차면 기운다'는 철칙에서 마스다야코퍼레이션도 예외일수는 없었다. 1971년 '닉슨 쇼크'로 엔화 가치가 급등하면서 일본 장난감의 수출가격 경쟁력은 급격히 떨어졌다. 1973년에 밀어닥친 석유쇼크는 엎친 데 덮친 격으로 장난감 산업을 또 한 번 강타했다. 마스다야코퍼레이션 등 장난감 제조도매업체들은 내수(內需)에서 돌파구를 모색했지만 여기에도 재앙이 기다리고 있었다. 출산율이 떨어지는데다가 컴

무선조종 장난감 자동차. 하단 선반의 회색 버스와
회색 리모콘이 바로 '라지콘' 최초 모델이다.

사이토 하루마사(齋藤晴正) 사장. 부동산, 외식산업 등 다른 영역으로 기업을 확대했지만 장난감사업에 대한
애정은 여전하다.

퓨터와 전자게임기 보급이 늘어나면서 모형 장난감 수요가 기하급수적으로 감소하여 경영실적은 악화에 악화를 거듭했다. 사이토 하루마사(齋藤晴正) 사장이 별세한 부친의 뒤를 이어 최고경영자로 취임한 1993년에는 이미 십수 년간 적자가 계속된 상황이었다.

장난감을 팔아 번 돈으로는 40억 엔이 넘는 부채의 원리금을 갚아 나가기에도 모자란 지경이었다. 거래 은행들은 다른 제조도매상처럼 장난감 사업을 정리하고 수익성이 맞는 사업을 개발하라고 사이토 사장에게 끊임없는 압력을 가했다. 하지만 사이토 사장은 은행의 회유와 압력을 단호히 거부했다. 그 대신 철저한 군살 빼기에 나섰다.

"기업은 변해도 가업(家業)은 영원"

먼저 희망퇴직을 단계적으로 실시하여 취임 당시 100명이 넘는 정규 사원을 20명 안팎으로 줄였다. 각 부문에 걸쳐 아웃소싱(외주)을 대폭 확대하고 창고 등 남는 영업자산을 이용하여 임대사업을 벌였다. 수익성을 보완하기 위해 외식사업 등 새로운 분야에도 발을 내디뎠다. 사이토 사장은 이처럼 16년 동안 뼈를 깎는 자구 노력을 한 끝에 부채를 취임 당시의 4분의 1 이하로 줄였다. 1997년에는 미국 뉴욕 경매시장에서 마스다야코퍼레이션이 1950년경 생산한 로봇 장난감을 800만 엔(약 8천만 원)에 사들이는 등 '회사의 역사'를 생각하고 관리할 여유도 회복했다.

사이토 사장은 "장난감 사업의 외부환경은 여전히 혹독하지만 적자는 내지 않을 수 있는 체질로 정비했다."면서 "크게 빛나지는 않지만 장난감 가게에 없어서는 안 되는 기본상품을 앞으로도 공급해 나갈 것"이라고 말했다.

그는 "선대(先代) 경영자들이 전성기에 번 막대한 수익금으로 부동산을 많이 사뒀기 때문에 돈벌이만 생각한다면 굳이 장난감 사업에 연연할 이유가 없지만 280년 이상 이어져 내려온 가업은 어떤 일이 있어도 지켜 나갈 것"이라고 덧붙였다.

▶ **마스다야코퍼레이션의 경영 제언**

1. 기업 부채 해결은 내부 체질 개선부터 시작된다.
2. 캐시카우 확보를 게을리 하지 마라.

미키모토
-진주의 제왕

✚ 미키모토 개요

- 창업 연도 │ 1899년(도쿄 긴자에 미키모토 진주점 개설)
- 창 업 주 │ 미키모토 고키치(御木本幸吉). '진주왕'으로 불렸으며 생존 시 초등학교
  교과서에 실린 최초의 일본인
- 본사 소재지 │ 도쿄 주오 구 쓰키지
- 발 상 지 │ 미에 현 시마 시 하마지마 정
- 연간 매출 │ 306억 엔(약 2천500억 원)
- 종업원 수 │ 840명
- 주요 연혁 │ 1893년 반원(半圓)진주 양식 성공-1905년 원형(圓形)진주 양식 성공
  (세계 최초)

세계 최초로 진주 양식을 꽃피우다

《"귀사가 100년 이상 세계적인 보석류 제조 판매업체로 번창하는 데 가장 큰 원동력을 제공한 '현장'을 보여달라." 약간 추상적인 요청에 미키모토 측은 처음에는 고민하는 모습이었다. 고급스러운 분위기와 친절한 서비스로 정평이 난 도쿄(東京) 긴자(銀座)의 본점, 진주 명가의 '장인력(匠人力)'을 엿볼 수 있는 도쿄 메구로(目黑) 공장도 잠시 이야기가 나왔다. 하지만 미키모토 측이 숙고 끝에 결정한 곳은 도쿄 역에서 신칸센, 전철, 택시를 번갈아 타고 다섯 시간 이상 가야 하는 다토쿠(多德) 진주양식장이었다.》

천혜의 진주양식장

행정구역상 미에(三重) 현 시마(志摩) 시 하마지마(浜島) 정에 속하는 다토쿠 양식장 앞에는 '진주만'이라고도 불리는 아고(英虞) 만의 풍경이 병풍처럼 펼쳐져 있었다.

명함을 교환한 야마무라 준야(山村淳也) 다토쿠 양식장장은 이내 계류장에 정박 중인 고속보트로 발길을 향했다. 26제곱킬로미터에 이르는 아고 만 내부는 미키모토 외에도 수백의 중소 진주양식업체가 띄워 놓은 시설물로 가득했다.

야마무라 양식장장은 "미키모토 고키치(御木本幸吉) 창업주가 세계 최초로 진주 양식에 도전하면서 아고 만을 고른 이유는 파도, 수온, 플랑크톤의 양, 주변 삼림 등이 진주조개를 키우는 데 더할 나위 없이 훌륭하기 때문"이라고 설명했다.

3년에 걸친 길고 고단한 작업

한 알의 진주를 키워내기 위해서는 통상 진주조개 종묘 생산 → 육성 → 피한(避寒) → 육성 → 피한 → 핵(核) 삽입 → 육성 → 하마아게(진주조개에서 진주를 빼내는 작업) 등 여러 단계를 거친다. 3년에 걸친 길고 고단한 작업이다.

한 시간여에 걸쳐 아고 만의 양식 현장을 둘러보고 양식장에 돌아오자 직원 2명이 하마아게 작업을 하고 있었다. 조개 속에서 나온 진주의 크기와 색깔은 다양했다. 색깔이 바래고 모양이 이지러진 것도 일부 있었다.

야마무라 양식장장은 "지금 하마아게 작업을 하는 진주조개는 일반직 신입사원들이 시험 삼아 핵을 넣은 것"이라며 "우리 회사는 현장의 중

미키모토의 다토쿠양식장. 이곳에서 생산되는 진주조개는 최상의 품질을 자랑한다.

양식장의 망마다 진주조개를 육성하는 중이다. 핵을 넣고 육성하는 과정에서 상품(上品과), 하품(下品)의 질이 갈린다.

한 직원이 진주를 채취하는 하마아게 작업을 하고 있다.

요성을 가르치기 위해 양식과 전혀 관련이 없는 관리부문 사원도 반드시 이곳에서 직접 양식 작업을 체험하도록 한다."고 말했다.

숙련된 직원들이 핵을 넣은 조개에서 나오는 진주는 전혀 달랐다. 완전한 공 모양에 가까운 상품(上品) 진주들이 특유의 영롱한 빛깔을 뿜어냈다. 하지만 이중에도 미키모토 브랜드를 달고 나가는 것은 몇 퍼센트도 안 된다는 게 회사 측의 설명이다. 엄선에 엄선을 거듭하여 좋은 진주만을 상품화하기 때문이다.

진주왕의 진짜 보물은 지구본

미키모토 측이 취재 장소로 다토쿠 양식장을 결정한 이유는 진주 양식이 보석류 제조의 출발점이라는 단순한 이유에서만은 아니었다. 2008년 탄생 150주년을 맞은 '진주왕' 미키모토 창업주의 숨결이 고스란히 남아 있기 때문이다.

하마아게 작업장과 연구소 건물 사이로 난 언덕길을 3분 정도 걸어 올라가면 모습을 드러내는 '진주각'이 대표적인 곳이다.

미키모토 창업주가 1954년 96세를 일기로 타계할 때까지 노년을 보낸 진주각은 일본의 방 3개짜리 평범한 중산층 주택과 크게 다를 바 없었다. 집 안에 있는 가구나 집기도 진주왕의 집이라고는 생각하기 힘들 정도로 소박한 것뿐이었다. 조그만 원형 탁자와 의자 4개가 대부분의 공간을 차지해 서 있을 자리조차 마땅치 않은 좁은 응접실에는 낡은 지구본 하나가 눈길을 끌었다.

미키모토 창업주는 항상 이 지구본을 옆에 두고 틈이 날 때마다 물끄러미 바라보거나 주위를 3바퀴씩 돌았다. 몸은 한적한 시골마을에 있지만 사업의 시야는 늘 세계를 향하려는 마음가짐이 낳은 습관이었다. 진

미키모토의 진주 목걸이.

미키모토의 진주 손목시계.

주각 아래의 건물에는 미키모토 창업주가 남긴 친필 휘호가 걸려 있다.

'지(智) 운(運) 명(命).'

이중 '명'은 '크게 성공하려면 장수해야 한다'는 뜻이다. 기업이라고 해서 사람과 다를 까닭이 없다.

▶ **미키모토의 경영 제언**

1. 기업 성공의 제1조건은 생존이다.

2. 위기는 언제 닥칠지 모른다. 차선책을 준비하라.

진주왕에 얽힌 일화

미키모토 고키치 미키모토 창업주는 가장 일화를 많이 남긴 일본의 거물 기업인 중 한 명이다. ㈜미키모토 진주섬이 발행한 《진주왕이 남긴 메시지》라는 책에서 그의 기업가 정신을 엿볼 수 있는 일화 몇 가지를 발췌해보았다.

성공하려면 항상 차선책을 준비해야

미키모토 창업주가 진주 양식에서 처음으로 부닥뜨린 가장 큰 시련은 물고기와 조개를 떼죽음으로 몰아넣는 적조피해였다. 1892년 아고 만에서는 4년간이나 공을 들여 키운 진주조개가 전멸했다. 어지간해서는 좌절을 모르는 미키모토 창업주도 망연자실하지 않을 수 없었다.

절망에서 미키모토 창업주를 구해낸 것은 그가 만일에 대비하여 아고 만에서 떨어진 곳에 키우고 있던 조개였다. 이곳에서 세계 최초의 반원 양식 진주가 탄생한 것이다. 차선책을 준비하여 괴멸적인 위기를 벗어난 덕분에 미키모토 창업주는 진주에 대한 평생의 꿈을 이룰 수 있었다.

티 없는 구슬은 없다

미키모토 창업주는 진주 감정에서 일본에서 최고의 실력을 갖고 있었다.

미키모토의 창업주인 미키모토 고키치.

다토쿠 양식장의 진주각. 창업주인 미키모토의 숨결이 깃든 장소로, 그가 사용했던 가구, 지구본, 라디오 등이
그대로 남아 있다.

하루는 미키모토 창업주가 손님을 양식장으로 초청해 돌아가는 길에 진주를 선물했다. 미키모토 창업주는 진주 300개 중 10개 정도를 고르도록 하면서 "이중에 하나에 30만 엔이나 하는 값비싼 진주가 한 알 있다."고 설명했다.

손님은 숙고에 숙고를 거듭해서 10개를 골랐다. 300개의 진주 중에는 유독 크고 둥글면서 광택도 좋은 진주가 한 알 있었다. 하지만 이 손님은 그 진주는 외면했다. 표면에 흠집이 있다는 것이 이유였다.

미키모토 창업주는 손님이 10개를 골라낸 다음 그 진주를 들어 보이면서 이렇게 말했다.

"옥에 티라는 말이 있지만 좋은 진주에는 반드시 흠집이 있다. 흠집은 목걸이나 반지로 가공하는 과정에서 없어진다. 하지만 원래 볼 것이 없는 진주는 어떻게 해볼 도리가 없다. 사람도 마찬가지다. 옥에 티는 좋지만, 티에 옥은 늘 문제다."

진주왕의 '삼보(三寶)'

미키모토 창업주는 호언장담을 자주 하는 편이었다. 그래서 그에게는 허풍쟁이(일본어로는 소라고동 불기라고 함)라는 별명이 붙었다. 미키모토 창업주는 다른 사람들이 허풍쟁이라고 놀리면 "나는 소라고동은 불지만 거짓말은 안 한다."고 되받았다. 그가 허풍쟁이라는 별명을 굳이 싫어하지 않았다는 사실은 그가 늘 아끼던 삼보(三寶) 안에 소라고동이 들어 있었다는 점만 보아도 쉽게 짐작할 수 있다. 즉 그의 삼보는 지구의와 소라고동, 어떤 손님이 와도 정시가 되면 스위치를 켜는 라디오 등이었다.

그에게는 '소라고동'의 진면목을 보여주는 일화도 있다. 일본이 패전한 직후 미군의 한 장교가 헬리콥터를 타고 진주양식장을 찾아왔다. 미키모토 창업주는 이 장교에게 지구의를 가리키며 당신은 일본 상공을 날지만 나는 매일 지구를 3바퀴씩 돌고 있소."라고 뻐기었다고 한다.

일설에는 그가 자신을 찾아온 일왕(日王)에게 "당신"이라고 불렀다는 이야기도 있다.

진주왕의 건강 장수비법

진주양식이 궤도에 오르자 미키모토 창업주는 해외시장을 개척하느라 바쁜 나날을 보냈다. 하지만 아무리 바빠도 도쿄에 갈 일이 있으면 손자를 데리고 만담이나 라쿠고(落語·혼자서 하는 만담), 마술공연을 보러 다녔다.

미키모토 창업주에게는 한 가지 습관이 있었다. 그는 아무리 재미있는 공연이라도 끝까지 자리를 지키지 않았다. "왜 중간에 자리를 뜨느냐."며 불평하는 손자에게 미키모토 창업주는 다음과 같이 말했다.

"사람은 기분전환을 하지 않으면 죽는단다. 하지만 노는 데 깊이 빠져서는 안 된단다. 참 즐겁구나 하고 느낄 때가 그만둘 때란다."

미키모토 창업주는 음식을 먹을 때도 '맛있는 음식'은 꼭 두 젓가락을 남겼다. 과식을 하지 않는 이 습관은 그가 96세까지 건강하게 장수할 수 있었던 최대 비결이었다.

야마하

—경영다각화의 교과서

120년 생존비결? 한 우물 아닌 한눈팔기

《"다각화는 장수(長壽) 기업의 무덤이다." 수십, 수백 년의 역사를 자랑하는 시니세(老鋪) 기업들이 본업 아닌 다른 사업에 한눈을 팔다가 몰락한 사례가 많다고 해서 생겨난 말이다. 578년에 창업하여 일본 최고(最古)의 기업으로 꼽혀온 곤고구미(金剛組·절 건축업)가 2006년 사실상 파산한 원인도 무리한 다각화였다. 하지만 다각화를 성장 동력으로 삼아 세계적인 브랜드로 발전한 기업이 전혀 없는 것은 아니다. 금액 기준으로 세계 피아노시장의 30퍼센트, 전자피아노시장의 43퍼센트, 관악기시장의 33퍼센트를 차지하고 있는 ㈜야마하가 대표적인 예다.》

110

기술자의 '곤조(根性·근성)'

악기 제조 과정을 견학하기 위해 연간 3만 명이 방문하는 시즈오카(静岡) 현 하마마쓰(濱松) 시 ㈜야마하의 방문객센터. 첨단 전자악기가 즐비하게 전시된 이곳에서 유독 방문객들의 눈길을 끄는 것은 낡은 오르간 한 대. 야마하의 창업주 야마하 도라쿠스(山葉寅楠)가 만든 시제품 1호를 그대로 복원한 것이다.

의료기계 수리공이던 야마하 창업주와 악기의 인연이 처음 시작된 것은 1887년. 구경만 하는 데도 허가증을 받아야 할 정도로 오르간이 귀하던 시절이다. 인근 초등학교에서 난생처음 오르간 수리를 부탁받은 야마하 창업주의 가슴속에는 도전정신이 꿈틀거렸다.

"이런 간단한 물건이 쌀 45말 값이라니……."

야마하는 2개월간 수많은 시행착오를 겪은 끝에 오르간을 '복제'하는 데 성공했다. 하지만 눈대중으로 만든 오르간이 정확한 소리를 낼 리가 없었다. 전문가의 조언이 필요하다는 사실을 절감한 야마하는 동업자와 둘이서 오르간을 떠메고 하코네(箱根)의 험령(險嶺)을 넘어 250킬로미터 떨어진 도쿄(東京)로 향했다.

도쿄예술대 음악부의 전신인 음악취조소에서 약 1개월 동안 전문가의 지도를 받은 야마하 창업주는 1888년 하마마쓰에 '야마하풍금제조소' 간판을 내걸었다. 세계적인 악기 제조업체를 향한 첫발이었다.

야마하는 이후 풍금에 이어 피아노를 제조하는 등 종합 악기메이커로 발전해 나갔다.

'기술 강자'에게 불가능은 없다

야마하가 악기 이외의 분야로 본격적인 다각화를 시작한 것은 제2차

약 120년 전 처음 제작된 풍금(복원품)과 야마하풍금제조소 석비.

야마하 공장. 한 직원이 피아노 건반을 손질하고 있다.

세계대전에서 일본이 패전한 직후. 본거지인 하마마쓰가 혼다와 스즈키 등 오토바이산업의 발상지라는 사실에 착안한 야마하는 1954년부터 오토바이 생산을 시작했다.

1955년 별도 회사로 독립한 야마하발동기는 현재 혼다에 이어 세계 2위의 오토바이업체로 성장했다. 야마하가 다각화에 성공한 제품은 오토바이뿐만이 아니다. 1958년에는 섬유강화플라스틱(FRP) 소재를 이용하여 일본 최초로 양궁을 만들었다. 1973년 벨기에 양궁선수가 이 회사의 양궁을 사용하여 세계신기록을 수립하면서 야마하의 품질은 세계적으로 인정받았다.

오르간에서 시작한 악기 및 음향산업은 현재 각종 어쿠스틱악기와 전자악기, 음향기기 등으로 확산되었다. 손을 대지 않은 분야가 없을 정도다. 악기 이외에 반도체, 골프채, 시스템키친, 자동차 내장용품, 합금 등 다양한 분야로 야마하는 진출했다. 그러나 이 같은 사업영역 확장이 결코 무원칙한 것은 아니라는 게 우메무라 미쓰루(梅村充·57) 사장의 설명이다.

우메무라 사장은 "야마하는 피아노와 오토바이를 생산하면서 세계 일류의 첨단 소재(素材) 기술을 축적했다."면서 "이를 사장(死藏)하지 않고 활용한 것이 다각화"라고 말했다.

다각화의 귀재도 지금은 '선택과 집중'

하지만 1990년대 후반 이후 야마하는 다각화와는 정반대의 길을 걷고 있다. 경쟁력이 없거나 우선순위가 떨어지는 사업 부문을 정리하여 핵심 사업에 경영 자원을 쏟아 붓는 '선택과 집중' 전략으로 급선회했다. 1999년 하마마쓰 시에 있는 반도체공장을 매각한 것을 시작으로 리

악기 제조 이후에 야마하가 선택한 사업 분야는 바로 오토바이 생산이다.

야마하는 음향과 첨단 소재의 기술을 뿌리 삼아 여러 사업 분야에 진출했다.

조트사업과 전자금속재료사업, 박막자기헤드사업 등을 과감하게 구조조정했다.

2007년 6월 새 최고경영자(CEO)로 발탁된 우메무라 사장도 '더 사운드 컴퍼니(The Sound Company)'를 비전으로 내걸고 본업인 악기 및 음향 분야의 강화에 총력을 기울이고 있다. 2007년 11월 오스트리아의 고급 피아노 회사인 베젠도르퍼를 매수하기로 합의한 것도 '선택과 집중' 전략의 일환이다.

우메무라 사장은 "지난 120년의 역사 위에 추가로 120년의 역사를 쓰기 위해 품질제일주의와 고객제일주의를 빼놓고는 모든 것을 다 바꿀 계획"이라고 강조했다.

▶ 야마하의 경영 제언

1. 사업영역을 다각화할 때는 내부에 축적된 기술을 토대로 하라.
2. 유력 사업에 집중하여 투자효과를 높여라.

우메무라 미쓰루 ㈜야마하 사장 인터뷰

— 기업의 평균수명은 30년이 채 안 되는 것으로 알려져 있다. 야마하의 경우 120년이 넘는 역사를 쌓아올려온 비결은 무엇인가.

"야마하 창업주의 기술에 대한 집념이 기업문화의 토대를 만들었다는 점이다. 오르간이나 피아노는 서양악기다. 그런데도 야마하 창업주는 유럽의 악기업체들을 능가하겠다는 도전정신을 갖고 있었다. 이런 진취적인 정신이 기업문화의 저류를 형성했기 때문에 120년간 번영할 수 있었다."

— 야마하는 다각화에 성공한 기업으로 유명하다. 소재기술의 강점을 활용했다는 사실 외에 다각화 전략을 뒷받침한 연결고리는 없는가.

"세계인의 풍요로운 생활에 공헌하고 싶다는 것이 우리 회사의 비전이다. 악기와 스포츠, 레크리에이션은 모두 '풍요로운 생활'과 깊은 관련이 있는 산업분야다. 이를 가능하게 해주는 것은 기술이다. 지난 몇 년간 우리 회사 주 수익원 중의 하나였던 휴대전화 음원(音源)사업을 예로 들어보자. 보다 좋은 소리를 내는 전자악기를 만들기 위해 매진하다 보니 반도체를 스스로 만들지 않으면 안 되었다. 또, 반도체 기술이 발전하다보니 자연스럽게 휴대전화 음원 사업에도 경쟁력을 갖게 되었다."

우메무라 미쓰루 사장.

야마하 방문객센터에 전시된 악기들. '소리'와 '음악'을 출발점으로 삼아 종합 악기메이커를 지향하는 야마하의 비전을 잘 보여준다.

– 하지만 야마하도 최근에는 다각화보다는 '선택과 집중'을 강조하는 것 같다. 어떤 이유에서인가.

"지금은 글로벌 시대다. 세계적인 규모로 엄청난 경쟁을 하지 않으면 안 된다. 경쟁이 격화되면서 M&A도 활성화되고 있다. 기업이 기술을 획득하는 속도가 과거와는 비교가 안 될 정도로 빨라졌다. 수많은 경쟁 상대를 제치고 고객들에게 선택을 받으려면 약간 우수한 정도로는 안 된다. '이건 야마하 아니면 안 된다'는 분야를 고객의 뇌리에 확실하게 각인시켜야 한다. 사업영역이 너무 많으면 경영자원이 분산되기 때문에 야마하만의 핵심경쟁력을 보여주기 힘들다. 야마하가 가장 강한 분야는 출발점인 '소리'와 '음악'이라고 생각한다. 그래서 사장 취임과 함께 '더 사운드 컴퍼니(The Sound Company)'라는 비전을 내건 것이다. 비핵심적인 사업을 정리하면서도 소리나 음악과 관련된 사업은 더욱 확장해 나갈 것이다."

– 다각화 전략과 '선택과 집중' 전략 중 우열을 말하기는 힘들다는 뜻으로 이해해도 되는가.

그렇다. 다각화 전략과 선택과 집중 전략 중 어느 것이 절대적으로 낫다고 말하기는 어렵다. 시대에 따라 사업 환경이 변하기에 경영 전략도 변해야 한다."

– 미국과 유럽의 악기회사는 대개 어쿠스틱 피아노, 전자피아노, 바이올린 등 한 가지 악기만 제조한다. 야마하는 계속 종합 악기메이커를 지향할 것인가.

"야마하는 어쿠스틱 악기와 디지털 악기 두 분야에 모두 오랜 경험을 갖고 있다. 이는 어느 회사에도 없는 야마하만의 어드밴티지라고 생각한다. 전자악기업체들이 전자피아노를 못 만드는 것은 아니지만 어쿠스틱 기술도 함께 갖고 있는 야마하가 만들면 훨씬 더 잘 만들 수 있다. 야마하가 사일런트 피아노나 사일런트 바이올린을 세계에서도 선구적으로 개발한 것은 우연이 아니다. 자동연주 피아노 등 기술이 융합된 제품이 많아지는 시대에 종합 악기메이커는 그 나름의 강점이 있다. 음악대학이나 전문음악가들로부터 음악에 관한 모든 솔루션(해법)을 제공해 줄 수 있는 회사라는 평판을 듣고 싶다."

– 한국 악기시장은 포화 상태가 아닌가. 2001년부터 한국시장에서의 마케팅을 강화한 이유는 무엇인가.

　"한국은 교육열이 높고 음악을 즐기는 나라다. 소득 수준도 높다. 야마하로서는 성장 가능성이 많이 보이는 중요한 시장이다. 우리는 음악교실을 운영하여 악기시장을 활성화하면서 상품을 판매하는 전략을 사용하고 있다. 한국에서 야마하 음악교실이 좋은 호응을 얻고 있어 전망이 밝다고 생각한다. 삼익이나 영창 같은 악기메이커들이 있다는 점도 반가운 대목이다. 메이커가 있다는 것은 시장을 비옥하게 만들어놓았다는 것을 뜻한다."

톰보 학생복
―교복 진화 '박물관'

✚ 톰보(Tombow) 학생복 개요

- 창업 연도 | 1876년
- 본사 소재지 | 오카야마 시 고세이 정 2-2-9
- 연매출액 | 188억 4천300만 엔(2007년 6월 결산)
- 부문별 매출액 | 학생복 143억 600만 엔
- 스포츠 의류 | 28억 엔
- 간병인 의류 | 10억 8천200만
- 비즈니스웨어 | 6억 5천500만 엔
- 종 업 원 | 780명
- 홈페이지 | www.tombow.gr.jp

한 땀 한 땀 '장인의 숨결' 올올이

《2008년 4월 23일 찾은 오카야마 현 다마노(玉野) 시의 공장은 270여 명의 직원이 재봉틀을 돌리는 소리로 부산했다. 세상이 아무리 변해도 교복 제작은 노동집약형 산업에서 벗어날 수 없다. 재단까지는 컴퓨터 시스템을 도입해 자동화했지만 그 이후 공정은 재봉틀을 활용한 수작업, 마무리는 손바느질로 한다. 이런 방식으로 매년 전국 3천200개 학교의 교복 700만 벌을 생산한다.》

"기업은 사회를 위해 있는 것"

인구 60만 명의 일본 오카야마(岡山) 현은 '학생복 왕국'으로 불린다. 전국 학생들이 입는 교복의 70퍼센트가 이곳에서 생산된다. 이 지역은 토지에 염분이 많아 곡물 작황이 좋지 않지만 대신 면화 재배가 번성하여 섬유산업이 발전했다. 규슈(九州), 시코쿠(四國) 등 인근 지역에서 몰려드는 노동력도 예나 지금이나 풍부하다. 처음에 다비(足袋·일본식 버선)와 하카마(袴·일본식 하의) 등을 만들던 업자들은 시대의 변화에 맞추어 학생복 업자로 변신했다.

현재 이곳에서 교복을 만드는 50여 회사 가운데 상위 3개사가 곧 '전국 톱 3'다. 창업 132년째를 맞는 '톰보(Tombow) 학생복'도 세 손가락 안에 드는 업체 중 하나. 톰보는 '잠자리'를 뜻하는 일본어 돈보(蜻蛉)에서 따온 것이다. 톰보 학생복의 132년 역사는 지역과 더불어 생존을 모색해 온 기간으로 통한다.

1876년 미야케 구마고로(三宅熊五郎·1860~1908)가 자택에서 다비를 만든 '미야케 상점'이 회사의 출발점이었다. 당시에는 원단에 풀을 발라 다듬잇돌에 놓고 망치로 굴곡을 만든 뒤 손바느질로 하루 3켤레를 만드는 게 고작이었다. 지금도 공장 앞뜰에는 창업자가 사용했다는 다듬잇돌이 신줏단지처럼 모셔져 있다.

톰보는 1930년 교복산업에 뛰어들었다. 학생들에게 친근감이 있는 잠자리를 로고로 채용하여 시장 개척에 성공했다. 모든 원료가 군 당국의 통제 아래 들어간 제2차 세계대전 중에는 찌꺼기 면화를 주워 모아 실을 뽑아내거나 종이로 교복을 만들기도 했다. 공장 전체가 군복을 만드는 데 동원된 시절도 있었다.

톰보의 사사(社史)는 회사에 뚜렷한 족적을 남긴 인물로 2대 미야케 야

톰보의 창업자가 사용했던 다듬잇돌. 지금도 그대로 보존하고 있다.

1930년에 시작한 톰보의 교복산업은 지금의 톰보를 있게 한 일등공신이다.

스마사(三宅保正) 사장을 꼽는다. 회사를 주식회사로 만들고 기계 생산을 시작한 사람도, 홍보의 개념을 적극 도입한 이도 야스마사였다.

"기업은 사원 고용을 지속함으로써 지역에 공헌해야 한다."고 강조한 그는 1956년 사장직에서 물러나면서 사재를 털어 고교생을 위한 장학 기금 핫쇼카이(八正會)를 만들었다. 지금까지 오카야마 현 출신 고교생 600여 명이 이 기금의 혜택을 받고 사회에 나왔다.

1986년부터는 '잠자리사랑 회화 콩쿠르'를 매년 개최하여 청소년들의 환경에 대한 관심을 일깨우고 있다. 2007년에는 전국 8천200개교에서 15만 점을 응모하여 '일본 최대의 그림 경연'으로 자리 잡았다.

개발력이 생존의 열쇠

최근 일본 학생복 업계는 저출산과 인건비 상승으로 강한 역풍을 맞고 있다. 대부분의 의류 생산 공장이 인건비가 싼 해외로 옮겨 갔지만 오카야마의 학생복 업체들은 제자리를 지켰다. "소규모 주문에 수공업적으로 대응해야 한다."는 것이 이유다. 한편으로 이는 일본의 학생복이 '비싸다'는 비판에서 벗어나지 못하는 이유이기도 하다.

그렇지만 쓰러지는 기업이 속출하는 가운데서도 톰보는 신규 시장 진출에서 7년 연속 1위를 기록하고 있다. 비결이 뭘까.

오토시 가즈노리(落司量則) 사장은 "새로운 수요 창출을 위한 상품의 개발력이 그 비결"이라며 "세상 흐름을 한발 앞서 읽어야 한다."고 강조했다.

업계에서도 톰보사는 '개발형 사풍(社風)'으로 유명하다. 1952년 합성섬유 학생복 개발에 성공하여 1960년대에 전국 굴지의 메이커로 성장했다. 당시 합성섬유로의 전환에 늦었던 수많은 교복업체들은 폐업으로

일부 공정은 자동화시스템을 갖추었지만, 교복 제작은 대부분 수작업으로 해야 한다.

톰보는 교복을 고급 브랜드화 한 최초 기업이다. 초등학교와 중학교를 통합한 교복 디자인도 선보이고 있다.

내몰렸다.

1980년대에는 학교별 교복을 내놓았다. 당시 전국에 700여 개교가 새로 생기자 교복을 학교의 상징으로 만든다는 이미지 전략을 세우고 학교마다 독자적인 교복 디자인을 제안한 것. 고급화 전략도 병행하여 1989년에는 저명 디자이너 야마모토 간사이(山本寬齋) 씨와 손잡고 '디자이너 교복 브랜드'를 만들어 화제를 모았다.

요즘은 새로 세워지는 '초중일관교(같은 지역의 초등학교와 중학교를 합친 학교)'나 통폐합을 앞둔 학교들을 노려 판촉작전을 펼치고 있다. 개발본부 홍보과의 가와카미 겐지(川上謙治) 참사는 "이 같은 톰보 개발력의 원천은 사원들의 참여"라고 설명했다.

톰보사는 1997년부터 간부 육성 강좌인 '주니어보드'를 운영하는 등 독특한 인재 육성책도 구사하고 있다. 주니어보드는 각 부문에서 30, 40대 7, 8명을 선발하여 2년간 조직개혁이나 신규사업 진출 방안 등을 경영진과 논의케 한다. 10여 년이 흐른 현재 임원의 절반 이상을 이 강좌 출신이 차지하고 있다.

▶ **톰보 학생복의 경영 제언**

1. 상품 개발이 새로운 수요를 창출한다.
2. 다양한 홍보 투자로 잠재고객을 깨워라.
3. 간부육성책으로 체계적인 개혁 인재를 양성하라.

전자·기계

가타니산업
─금박(金箔)의 대표주자

✚ 가타니산업 개요

- 창업 연도 | 1899년
- 소 재 지 | 이시카와 현 가나자와 시
- 연매출액 | 약 80억 엔
- 종업원 수 | 250명(자회사 포함)
- 주요 제품 | 금박, 은박, 알루미늄박, 전사박 등 각종 박(箔), 금은사(金銀絲)
- 홈페이지 | www.katani.co.jp

"1만분의 1밀리미터 세계로 초대합니다"

《이시카와(石川) 현 가나자와(金澤) 시는 에도(江戶)시대 도쿠가와(德川) 가문에 이어 두 번째로 세력이 강했던 마에다(前田) 가문의 본거지다. 일본의 3대 정원으로 꼽히는 겐로쿠엔(兼六園) 등 중요한 문화유산이 많이 남아 있어 일본인들은 '작은 교토(京都)'라고도 부른다. 가나자와에서는 도자기와 칠기, 자수, 부채 등 전통 공예산업도 천년고도(古都) 교토 못지않게 번창하고 있다. 특히 금박(金箔)은 일본 전체 생산량의 99퍼센트 이상이 가나자와에서 나온다. 가나자와 금박의 품질이 다른 지역 금박을 압도한 결과다.》

"금박 하면 가나자와"

'가나자와 시 오와리(尾張) 정 2-16-80 가타니산업'이라고 적힌 종이를 내밀자 50대로 보이는 택시 운전사는 "혹시 금박회사가 아니냐?"고 되물었다. 그는 대답도 기다리지 않고 청하지도 않은 브리핑을 시작했다.

"금박에 관한 한 가나자와 직인(職人)들의 솜씨가 일본 최고입니다. 10엔짜리 동전 크기의 금을 다다미 1장 크기로 고르게 펴낼 수 있는 게 가나자와 금박 직인들이죠. 금박 두께는 1만분의 1밀리미터입니다. 콧김에도 날아갈 정도로 얇기 때문에 옛날에는 부채나 선풍기도 없는 '찜통'에서 땀을 뻘뻘 흘리며 작업했죠."

그의 설명이 일단락될 즈음 "택시 운전을 하기 전에 금박 관련 일을 했느냐?"고 물어보았다. "가나자와 시민이라면 누구나 다 아는 지식"이라는 게 그의 대답이었다.

택시가 멈춘 곳은 가나자와 역에서 멀지 않은 시내 주택가의 이층집이었다. '가타니산업'이라는 간판이 없었다면 공예품을 파는 작은 가게로 착각하기 딱 좋았다.

잠시 후 응접실에서 얼굴을 마주한 가타니 하치로(蚊谷八郎) 사장은 "도쿄(東京)와 오사카(大阪) 사무실(모두 6층짜리 현대식 건물)을 방문했던 고객들은 (여기에 와 보고) 대부분 깜짝 놀라지만 이곳이 가타니산업의 본사임에 틀림없다."고 말했다.

날씨의 선물

과거 금박은 수백 장의 종이 사이에 금을 끼워 놓고 쇠망치로 종이 표면을 두드리는 방식으로 만들었다. 이를 위해서는 망치질을 견뎌낼 수 있는 강한 종이가 필수였다.

가타니산업의 본사. 겉으로 보기에는 소규모 가게처럼 보인다.

가타니산업의 금박. 택시기사의 설명처럼 두께가 가늠되지 않을 정도로 얇다.

전대에 사용하던 금박제조용 도구들.

타니 하치로(蚊谷八郎) 사장. 가타니산업은 금박제조기술을 응용하여 전사박 등으로 사업분야를 확
장했다.

가타니 사장은 "여름에는 고온다습하면서 겨울에는 눈이 많고 추운 가나자와의 날씨가 이런 종이를 만들어내는 데 천혜의 환경"이라고 설명했다. 하지만 "자연환경이 우호적인 것과 기업의 생존은 별개"라고 그는 덧붙였다.

가나자와 금박의 역사는 400년 전으로 거슬러 올라가지만 100년 이상의 역사를 가진 금박제조업체는 가타니산업을 포함하여 2곳 정도에 불과하다. 상당수 기업은 전쟁이나 불황의 태풍에 휩쓸려 문을 닫거나 다른 업종으로 전업했다.

가타니 사장은 "우리 회사도 시대 환경에 맞춰 변하지 않았다면 지금까지 살아남지 못했을 것"이라며 "가타니산업은 1899년 창업 이후 지금까지 두 번에 걸쳐 환골탈태에 가까운 변신을 했다."고 소개했다.

첫번째 변신은 정부가 금·은지금(金·銀地金)을 강력히 통제 관리하던 1940년대 후반의 일. 당시 경영을 맡고 있던 가타니 사장의 아버지는 다른 금박제조업체에 앞서 기계화를 단행했다. 또, 금박뿐만 아니라 알루미늄박과 동박, 금은사(金銀絲) 등으로 사업 분야를 급속히 확대했다. 가내수공업체에서 중소기업으로 탈바꿈한 것이다. 하지만 가타니산업은 곧 위기를 맞았다. 1950년대 후반 '냄비바닥 불경기'라는 극심한 불황이 일본 경제를 덮치면서 금박 수요도 급격히 감소했다.

"끊임없이 변신하되 뿌리는 소중히"

가타니산업은 전사박(轉寫箔)에서 살길을 찾았다. 전사박이란 폴리에스테르필름 등에 금속박을 얇게 입힌 것. 가타니산업은 진공에 가까운 상태에서 금속을 기화(氣化)시켜 폴리에스테르필름 등에 막을 입히는 증착(蒸着)법을 개발하여 전사박을 대량생산 했다.

이를 계기로 가타니산업은 전통공예품 소재업체에서 산업용 자재업체로 도약했다. 제품의 표면이나 포장을 아름답게 하려는 수요가 있는 기업은 모두 가타니산업의 잠재고객이었다. 가타니산업이 지금까지 개척한 고객기업에는 소니, 마쓰시타전기, 샤프, 도요타 등 일본의 초일류 기업과 한국의 전자업체, 프랑스의 화장품업체 등이 있다. 전사박 사업이 급속히 성장하면서 금박이 현재 가타니산업의 매출에서 차지하는 비중은 20퍼센트에 불과하다. 하지만 가타니 사장은 "아무리 시대가 바뀌어도 우리 회사의 뿌리는 금박 제조다. 가나자와 본사를 고집하는 것도 이곳에 우리의 뿌리가 있기 때문이다."라고 말했다.

▶ 가타니산업의 경영 제언

1. 현재의 기술을 응용하여 사업 분야를 개척하라.
2. 뿌리 없이는 열매도 없다. 이익 비중이 줄더라도 원천 기술을 놓지 마라.

무라카미카이메이도
-사이드미러의 세계표준

✚ 무라카미카이메이도(村上開明堂) 개요

- 창업 연도 | 1882년
- 창업 초기 업종 | 금속장식품, 거울 등 제조
- 현재 주력 업종 | 자동차용 사이드미러 제조(일본 시장 점유율 1위)
- 본사 소재지 | 시즈오카 현 시즈오카 시
- 연매출액 | 496억 엔(약 4천710억 원) ※자회사 포함하면 618억 엔
- 종업원 수 | 1천200명
- 홈페이지 | www.murakami-kaimeido.co.jp

"사이드미러는 세계가 일본을 베낀다"

《오쿠다 히로시(奧田碩·현 상담역) 도요타자동차 전 회장은 1990년대 경영위기에 빠진 도요타자동차를 재건한 주역으로 평가받는 거물 경영인이다. '재계의 총리'라고 불렸던 그는 2006년 4월 고이즈미 준이치로(小泉純一郎) 당시 총리 앞에서 다음과 같은 말을 했다. "일본 자동차업체들이 잘난 척하지만 남 흉내나 내는 정도다. 독자적으로 발명한 것은 사이드미러를 자동으로 접는 장치밖에 없다. 기본 특허의 대부분은 외국이 갖고 있다." 오쿠다 전 회장이 전하려던 메시지는 다른 데 있겠지만 그의 이야기를 뒤집어보면 이런 말도 된다. '일본 자동차업계가 사이드미러 하나만큼은 창의적으로 만든다.'》

'접이식 사이드미러' 첫 실용화

무라카미카이메이도(村上開明堂). 자동차업계 종사자가 아니면 카스텔라 체인점이나 서점으로 착각하기 십상인 이름을 가진 이 기업이 바로 '접는 사이드미러'를 처음으로 실용화한 일본 최대의 사이드미러 제조업체다.

시즈오카(靜岡) 현 시즈오카 시 아담한 2층짜리 본사 건물 로비에는 이 회사가 세계 최초로 실용화한 '일렉트로 크로믹 미러(ECM·Electro Chromic Mirror)'와 '친수막(親水膜) 미러(HCM·Hydrophilic Clear Mirror)' 등의 제품이 전시되어 있다. 이 회사가 1986년 개발한 ECM은 뒤차의 전조등 불빛이 반사되어 운전자의 눈을 부시게 하는 현상을 방지하는 장치다. 제품 안에 내장된 광센서가 전조등 불빛 등을 감지하여 거울의 반사율을 10~70퍼센트 범위에서 변화시키는 방식이다.

오자키 다다히코(尾崎任彦) 경영기획실 과장은 "눈동자가 검은 동양인들과 달리 서양인들은 눈부심에 약하다."면서 "미국과 유럽 시장에서는 아주 중요한 기술"이라고 설명했다.

HCM은 거울 표면에 코팅한 얇은 막이 물방울을 막 모양으로 확산시키는 기능을 가진 거울이다. 거울 표면에 물방울이 맺히지 않기 때문에 비가 오는 날에도 사이드미러가 제 기능을 할 수 있다.

오자키 과장은 "이 밖에도 현재 사이드미러 업계에 일반적으로 보급된 기술 중에는 무라카미카이메이도가 개발한 것이 적지 않다."고 말했다.

일본 시장 45퍼센트 장악

무라카미카이메이도는 기술력으로 다른 업체들을 압도해 온 덕분에 일본 사이드미러 시장의 45퍼센트를 차지하고 있다. 일본에서 생산되

ECM을 설명하고 있는 오자키 과장. 무라카미카이메이도는 신기술을 상용화하는 데에 많은 연구인력을 투입하고 있다.

도요타를 비롯해 세계 굴지의 자동차기업에 사이드미러를 납품하고 있는 무라카미카이메이도는 이제 사이드미러의 표준으로 통한다.

는 자동차 가운데 연간 약 450만 대가 이 회사의 사이드미러를 달고 나온다. 도요타는 사이드미러의 약 70퍼센트를 이 회사로부터 납품받고 있다. 도요타의 경쟁회사인 닛산과 혼다도 이 회사의 고객이다.

세계적인 사이드미러 제조업체들의 특징은 대부분 자동차 부품업체로 출발했다는 공통점을 갖고 있지만 무라카미카이메이도의 경우는 색다른 뿌리를 갖고 있다.

창업 초기 이 회사는 금속과 유리로 이루어진 등(燈)과 금속 장식품 등을 만들어 파는 회사였다. 1950년대 중반만 하더라도 이 회사의 주력상품은 경대(鏡臺)와 건설용 판유리였다. 자동차와의 인연은 그야말로 우연한 기회에 찾아왔다.

한 번의 기회가 100년을 좌우한다

1957년 봄 무라카미 에이지(村上英二·현 회장) 당시 전무는 주요 거래처 중 하나인 아사히글라스 나고야(名古屋)지점을 방문했다. 상담(商談)이 끝날 무렵 같은 건물에 사무실을 두고 있던 한 트럭회사의 구매담당자가 사이드미러 납품업체를 소개해달라며 아사히글라스 지점을 방문했다. 아사히글라스 측은 마침 그 자리에 있던 무라카미 전무에게 이 일을 맡아보라고 권했다. 당시 이 트럭회사의 월 생산량은 고작 2천500대. 더구나 유리라고는 하지만 경대 및 건설용 판유리와 사이드미러는 기술이나 제조시설이 전혀 달랐다.

눈앞의 사업성은 '제로'에 가까웠다. 하지만 무라카미 전무는 '거울 만드는 기술 하나는 어느 누구에도 뒤지지 않는다'는 자부심 하나로 납품 요청을 받아들였다. 별 볼일 없는 트럭회사가 나중에 세계 최대의 자동차회사 도요타로 성장할 것이라는 상상은 꿈에도 하지 못했다.

무라카미카이메이도의 창업주 동상. 동상 옆에는 최초 제품인 거울이 전시되어 있다.

경대와 건설용 판유리 제조에서 자동차 사이드미러 제조로 확장하면서 무라카미카이메이도는 탄탄한 기업으로 성장할 수 있었다.

만약 무라카미 전무가 당시 사업성만을 냉정하게 계산하여 도요타의 요청을 거절했더라면 무라카미카이메이도는 지금 어떻게 되었을까.

오자키 과장은 "당시 우리 회사와 비슷한 사업을 하던 시즈오카의 기업은 대부분 도산했거나 영세업체로 몰락했다."면서 "무라카미카이메이도 또한 이들과 다르지 않았을 것"이라고 말했다.

▶ **무라카미카이메이도의 경영 제언**

1. 사소한 기회도 놓치지 마라.
2. 고유 기술의 실용화에 투자하라.

부라더공업
– '미싱'에서 디지털로 진화

┌───┐
✚ 부라더공업 개요

- 창업연도 | 1908년
- 업   종 | 정보통신기기(팩스 프린터 등), 재봉틀
- 연매출액 | 5천663억 엔
- 종업원 수 | 2만 3천809명
- 본사 소재지 | 아이치 현 나고야 시 미즈호 구 나에시로
- 홈페이지 | www.brother.co.jp
└───┘

'부라더미싱'의 구멍, 디지털로 기웠다

《"30년 전 시집올 때 친정어머니가 적금을 깨서 사주신 재봉틀이 고장 났습니다. 어떻게 해서든 고치고 싶은데 좋은 수리점 없나요?" 일본의 인터넷 게시판에는 이런 글이 종종 눈에 띈다. 1970년대까지만 하더라도 재봉틀은 일본 여성들이 결혼할 때 반드시 지참해야 할 혼수품이었고 결혼 후에는 늘 곁에 두고 살아야 하는 가재도구였다. 그러나 맞벌이가 늘어나고 세탁 서비스가 발전하면서 가정용 재봉틀은 생활필수품의 자리에서 급속히 밀려났다. 세계시장 수요 역시 매년 감소를 거듭한 끝에 이제는 700만 대를 갓 넘기는 수준이다. 재봉틀 수요가 정점을 넘긴 1980년대 이후엔 대부분의 재봉틀 제조업체가 생사의 갈림길을 수없이 지나야 했다. 한국에 '부라더미싱'으로 널리 알려진 부라더공업도 예외일 수는 없었다.》

이젠 정보통신기기 제조업체

일본 아이치(愛知) 현 나고야(名古屋) 시 미즈호(瑞穂) 구의 호리타(堀田) 전철 역을 나와 큰 도로를 따라 3분 정도 걸어 내려가면 6층짜리 부라더공업 본사가 모습을 드러낸다.

지진 대비를 위해 기둥 강화 공사를 한 것을 제외하면 외관이나 내부 구조 모두 47년 전 완공 당시 그대로의 모습이다. 이 회사가 낡은 본사 를 47년간이나 '짜깁기해' 사용하는 이유는 형편이 어려워서가 아니다. 도요타자동차 등 다른 나고야 기업들도 갖고 있는 이 지역 특유의 '짠돌 이 문화' 때문이다.

부라더공업의 경영은 2007년 결산에서 매출액과 영업이익, 경상이익 이 모두 사상 최고치를 기록할 정도로 탄탄대로를 달리고 있다. 3월에 는 여세를 몰아 "5년 안에 연간 매출액을 1조 엔으로 늘리겠다."고 공식 선언까지 했다.

하세가와 도모유키(長谷川友之) 이사는 "매출액을 5년간 2배 가까이 늘리 겠다는, 약간 무리다 싶은 목표를 내걸 수 있었던 것은 팩스, 프린터, 디 지털 복합기 등 정보통신기기 부문이 호조를 보이고 있기 때문"이라고 설명했다.

그는 "재봉틀이 부라더공업의 뿌리이자 기본이라는 사실에는 변함이 없지만 이제 재봉틀이 매출에서 차지하는 비중은 20퍼센트에도 못 미 친다."면서 "지금은 매출의 70퍼센트 이상이 정보통신기기 부문에서 나 온다."고 덧붙였다.

"성공체험은 개혁의 적"

창업주의 후손인 야스이 요시히로(安井義博) 회장이 사장에 취임할 당시

부라더공업이 가정용으로 생산한 최초의 재봉틀.

부라더공업은 재봉틀 외에도 타자기, 선풍기, 수동형 세탁기 등 가정용 기기들을 생산했었다.

인 1990년 부라더공업의 경영은 심각한 위기를 맞고 있었다. 재봉틀의 수요는 하강곡선을 그리고 있었고 사업 다각화를 위해 1950년대에 진출한 전자사업의 가격경쟁력도 위태위태했다.

야스이 사장은 최고경영자(CEO) 취임을 계기로 무사안일에 젖은 경영 체질을 일신하고 저수익 사업구조를 대대적으로 구조조정하려고 했지만 사내의 저항은 완강했다. 기존 임직원들은 과거 재봉틀 사업의 성공 체험을 바탕으로 개혁에 사사건건 제동을 걸고 나섰다. 운도 따르지 않았다. 야스이 사장이 신사업 담당 임원 시절부터 깊숙이 간여한 게임자동판매기, 컬러복사기, 팩스 등의 신사업은 거의 실패로 결론이 났거나 나는 중이었다. 재봉틀과 전자사업 분야의 임직원들은 "돈 안 되는 신사업을 빨리 접으라."고 야스이 사장을 압박했다.

저가 팩스로 '역전 홈런'

안팎으로 궁지에 몰린 야스이 사장은 1991년 도박에 가까운 승부수를 띄웠다. 1년 안에 399달러짜리 저가형 팩스를 개발하여 미국 시장을 공략하겠다고 선언한 것. 당시 부라더공업이 통상적인 노력을 통해 낮출 수 있는 원가의 한계는 699달러였다. 판매물량이 많아 '규모의 경제'가 가능한 대형 업체들도 499달러 미만 제품은 내놓지 못하고 있었다.

야스이 사장은 사운을 건 특별 프로젝트를 성공시키기 위해 가능한 한 기존 사업 분야에서 성공해본 경험이 없는 신진들을 뽑아 개발팀을 구성했다. 고정관념을 철저히 배제하기 위한 조치였다. 또, 구매부서가 간여하면 기존 거래처와의 관계 때문에 원가 절감에 한계가 있을 것으로 생각하여 개발팀이 부품 조달도 직접 담당하도록 했다.

이런 방식은 예상 밖의 성공으로 이어졌다. 개발팀원들이 전국 방방

'팩스 600'. 이 저가형 팩스기기로 브라더공업은 위기를 기회로 바꿀 수 있었다.

하세가와 도모유키(長谷川友之) 이사는 현재 부라더공업은 팩스뿐만 아니라 레이저프린터, 디지털 복합기 등을 생산하는 종합정보통신기기 제조업체로 변신했다고 설명했다.

곡곡을 누비고 찾아다닌 끝에 팩스에 부착되는 종이절단기의 원가를 1천 엔에서 500엔으로 낮춘 것이 한 가지 예. 이렇게 해서 1992년 6월 선보인 399달러짜리 '팩스 600'은 미국의 팩스시장을 강타하면서 순식간에 히트상품 반열에 올랐다.

"창업보다 어려운 게 수성(守城)"

'팩스 600'의 성공은 재봉틀 제조업체에서 정보통신기기 제조업체로 변신하려는 부라더공업에 돌파구를 제공했다. 막혔던 곳이 한 번 뚫리자 팩스, 레이저프린터, 디지털 복합기 등 다양한 제품군에서 효자상품이 줄줄이 터져 나왔다.

10년이 넘는 긴 세월이 걸렸지만 변신을 통한 부활은 한마디로 성공이었다. 2003년 〈니혼게이자이〉 신문 계열인 〈닛케이금융〉 신문이 기관투자가들을 대상으로 실시한 설문조사 결과에서 야스이 회장은 도요타자동차, 캐논의 경영자와 함께 '1년간 기업 가치를 높인 경영자' 순위 2위에 올랐다.

야스이 회장은 회고록에서 "정보통신기기 제조업체로의 변신은 사실상 창업이나 다름없었다."면서 "이 같은 길을 구태여 선택한 이유는 기존 사업을 수성하는 일이 훨씬 어렵기 때문"이라고 설명했다.

▶ 부라더공업의 경영 제언

1. 새로운 분야에 접근하려면 고정관념을 버려라.
2. 원가를 절감하는 방안을 찾아라.

세이코
-세계 최고를 다시 한 번

✚ 세이코 그룹 개요

- 창업 연도 | 1881년
- 주요 제품 | 손목시계
- 관련 회사 | 세이코홀딩스: 지주회사
  세이코워치: 손목시계 판매·마케팅, 세이코홀딩스 산하
  세이코엡손: 손목시계 등 제조, 1959년 독립
  세이코인스툴: 손목시계 등 제조, 1937년 독립
- 연간 매출 | 세이코홀딩스: 2천91억 엔
  세이코엡손: 1조 4천160억 엔(PC주변기기, 반도체 등 포함)
  세이코인스툴: 2천595억 엔(전자부품 등 포함)
- 종업원 수 | 세이코홀딩스: 7천358명
  세이코엡손: 9만 5천129명
  세이코인스툴: 2천708명
- 본　　사 | 세이코홀딩스: 도쿄 도 미나토 구
  세이코엡손: 나가노 현 스와 시
  세이코인스툴: 지바 현 지바 시
- 홈페이지 | 세이코워치: www.seiko-watch.co.jp
  세이코엡손: www.epson.jp
  세이코인스툴: www.sii.co.jp
  연간 매출과 종업원 수는 연결재무제표 기준

270개 부품 현미경 조립… "미다스의 손"

《일본 나가노(長野) 현의 중심부에 위치한 시오지리(鹽尻) 시의 세이코엡손 공장. 세이코 손목시계 가운데서도 '그랜드 세이코' 등 고급 브랜드만을 생산하는 이 공장의 '직인(職人)공방' 풍경은 여느 시계공장과 전혀 달랐다. 방문객이 큼지막한 유리창을 통해 안을 들여다볼 수 있지만 공방 안과 밖은 철저하게 차단되어 있었다. 기능공들도 에어샤워 룸(압축공기로 먼지를 떨어내는 공간)을 통과한 뒤에야 안으로 들어갈 수 있다.》

기능공 손기술 '세계 정상급'

세이코엡손 공장의 직인 공방에는 '조립 공정'이라는 팻말이 보였지만 조립 라인처럼 생긴 것은 어디에도 보이지 않았다. 흰 가운을 입은 기능공들은 각자 독립된 책상 앞에서 현미경을 들여다보면서 미세한 부품을 조립하고 있었다. 공장이라기보다는 연구실에 가까운 모습이었다. 천장과 바닥에 뚫려 있는 수많은 구멍, 기능공들의 책상 앞에 놓인 대형 판도 예사롭지 않아 보였다.

우에다 나오토(上田直人) 세이코엡손 손목시계사업부 주사는 "먼지가 부품에 흠집을 내는 것을 방지하기 위해 바람을 내뿜거나 먼지를 빨아들이는 장치"라고 설명했다. 이어 그의 설명은 현미경으로 옮겨갔다.

"그랜드 세이코는 일반 시계보다 5배가량 많은 270개의 부품을 사용한다. 고도의 정밀성이 요구되기 때문에 현미경을 사용하지 않고서는 조립이 불가능하다."

그는 현미경을 사용해야 할 정도로 정밀한 작업을 하는 이곳 기능공들의 손기술 또한 '세계 정상급'이라고 덧붙였다. 이 공장은 1977~1986년 개최된 세계기능올림픽 시계수리 부문에서 1977, 1979, 1981, 1983, 1985년 등 다섯 차례나 금메달 수상자를 배출했다.

신제품 개발 '비밀의 방'

공장을 둘러보는 동안 유독 한 곳만은 짙은 커튼이 내려져 있는 점이 눈에 들어왔다. 세계기능올림픽 금메달 수상자를 비롯하여 각 분야의 최고 전문가 9명이 한 팀을 이루어 일하는 '마이크로 아티스트(micro artist) 공방'이었다.

신제품 개발을 책임지는 이들에게는 한 가지 임무가 더 있다. 세이코

146

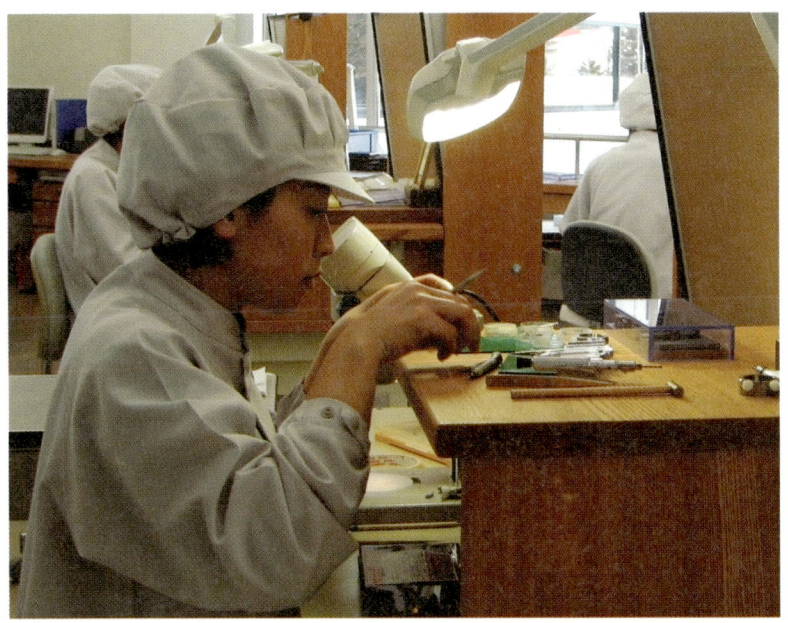

한 기능공이 시계 부품을 조립하고 있다. 각 책상마다 앞쪽에 큰 흡진장치가 달려 있는 것이 보인다.

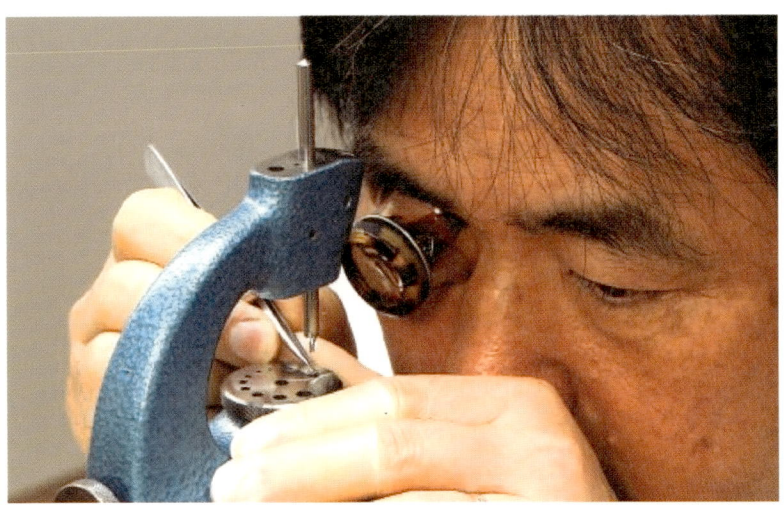

정밀한 작업은 현미경을 사용해도 조립이 까다로워서 고도의 집중력과 손기술이 필요하다.

'크레도르 노드 스프링 드라이브 소너리'는 세이코가 야심차게 개발한 신기술이다.

'스펙트럼'. 세이코는 세계 최초로 마이크로 캡슐형 전자잉크(e-ink) 시계를 실용화했다.

워치가 2006년 8월 발매한 '크레도르 노드 스프링 드라이브 소너리'를 제조하는 일이다. 620여 개에 이르는 부품을 손으로 직접 만들거나 조립하기에 연간 제조량은 5개에 불과하다. 가격은 개당 무려 1천575만 엔(약 1억 4천만 원).

'크레도르……'가 스위스제 초고가 시계와 다른 점이 있다면 무브먼트(시계를 작동시키는 핵심 장치)에 세이코가 독자적으로 개발한 '스프링 드라이브'를 사용한다는 것이다. 스프링 드라이브는 태엽시계의 아날로그적 우아함과 수정(水晶)시계의 정확성을 동시에 갖춘 일종의 '하이브리드 엔진'. 태엽에서 동력을 얻지만 수정의 진동과 첨단 집적회로(IC)로 정확도를 제어한다.

전통과 첨단의 조화로 승부수

세이코가 야심작인 스프링 드라이브를 내놓은 배경에는 스위스 시계 업체들과의 오랜 자존심 싸움이 깔려 있다.

스위스가 세계 시계시장을 석권하던 1969년 말 일본발 '빅뉴스'가 전 세계 시계업계를 강타했다. 세이코가 세계 최초로 수정 손목시계를 발매했다는 소식이었다. 개당 가격은 도요타 카롤라 자동차 1대 값보다 비싼 65만 엔. 서민층이 꿈도 꿀 수 없는 사치품으로 출발했지만 전자 기술의 눈부신 발전은 수정시계를 순식간에 대중 소비품으로 바꾸어놓았다.

정확성은 차치하고서도 가격 면에서도 경쟁력을 상실하게 된 태엽시계는 급속히 사양길에 접어들었다. 1980년경까지 스위스 시계업체 1천 620곳 중 1천50곳이 문을 닫았다. 세이코는 수정시계 덕분에 세계 정상을 밟았지만 자유경쟁시장에 영원한 승자는 없었다. 홍콩산 저가 수정

시계의 등장, 거품 경기의 붕괴, 휴대전화 등의 등장에 따른 시계 수요 감소가 이어지면서 1990년대 세이코의 시계 매출은 급격한 하향 곡선을 그렸다.

　반면 한때 고사 직전에 몰렸던 스위스 시계업체들은 고가의 구식 태엽시계를 앞세워 화려하게 부활했다. 스프링 드라이브는 이런 상황에 위기의식을 느낀 세이코가 또 한 번의 뒤집기를 위해 준비해 온 회심의 승부수다.

　스즈키 히로유키(鈴木廣之) 세이코워치 광고선전부 과장은 "스프링 드라이브는 장인(匠人)의 숙련된 손기술은 물론 고도의 IC 기술이 있어야만 생산할 수 있다."면서 "1969년 수정 손목시계를 실용화한 이후에도 더 좋은 시계를 만들기 위해 매진해 온 세이코 기술진의 땀과 열정이 여기에 담겨 있다."고 설명했다.

▶ 세이코의 경영 제언

1. '독자적인 기술'을 목표로 연구개발에 투자하라.
2. 개발한 기술을 실현할 수 있는 기능공도 함께 양성하라.

시마즈제작소

−노벨상이 인정한 기술력

✚ **시마즈제작소 개요**

- 창업 연도 | 1875년
- 생산 품목 | 계측기기, 의료기기, 항공기기, 산업기기
- 본사 소재지 | 교토 시 나카교 구 니시노쿄쿠와바라 정 1번지
- 연매출액 | 2천624억 엔(약 2조 3천억 원)
- 종업원 수 | 3천530명
- 사시(社是) | 과학기술로 사회에 공헌한다
- 창업 경위 | 시마즈 겐조(島津源藏) 창업주가 과학 입국의 포부를 안고 교육용 이화
  학기계 제조업체로 설립
- 특기 사항 | 2002년 당시 다나카 고이치 주임이 노벨 화학상 수상

"오늘 끼니보다 내일 씨앗"

《일본의 천년고도(古都) 교토(京都)의 시청사에서 걸어서 5분도 걸리지 않는 시마즈(島津) 창업기념자료관. 첨단 계측·의료·항공·산업기기 제조업체 시마즈제작소가 창업 후 133년 동안 만든 제품 중 기념비적 제품만을 전시해 놓은 이곳에서 95년 전 발매된 작은 선풍기 한 대가 유독 눈길을 끌었다. 사콘 시게키(左近茂樹) 자료관장은 "당시 기술 수준에 비춰 보면 성능은 놀라울 정도로 뛰어나지만 사업성 면에서 보면 실패작"이라고 귀띔했다. 고급 품을 고집하여 선풍기에 비싼 옻칠을 하는 바람에 가격경쟁력이 떨어진 게 실패의 원인이 었다. 이처럼 흔히 말하는 '장삿속'은 밝지 못하지만 기술력 하나만큼은 세계 어디에 내놓 아도 뒤지지 않는 기업이 시마즈제작소다.》

2002년 노벨상 수상

창업기념자료관에서 택시로 20분가량 떨어진 시마즈제작소 본사의 한 건물에는 '다나카 고이치(田中耕一) 기념 질량분석연구소'라고 적힌 작은 안내판이 다른 안내판들에 뒤섞여 걸려 있었다. 2002년 10월 일본의 회사원 연구자 중 최초로 노벨상을 수상한 다나카 씨가 소장을 맡고 있는 연구소다.

노벨상 수상 당시 다나카 씨의 직급은 과장보다 한 단계 아래인 주임. 수상자 선정 발표 직후 본사에서 열린 기자회견에 작업복 차림으로 나와 "아닌 밤중에 홍두깨"라며 쑥스러워하던 그의 모습을 많은 일본인은 아직도 생생히 기억하고 있다.

이 회사 사장실의 사카노시타 다케시(阪の下健) 과장은 "연구소 내부는 비공개지만 지극히 평범한 일반 사무실"이라고 설명했다. 그는 "다나카 소장이 연구원 15명과 함께 노벨 화학상 수상의 테마였던 단백질 질량 분석의 응용 범위를 넓히고 관련 장비의 성능을 개선하는 연구를 하고 있다."고 덧붙였다.

돈보다 남이 안 만드는 제품

시마즈제작소의 연간 매출액은 2천624억 엔. 경제대국 일본에서 명함을 내밀 정도는 아니다. 그런데도 세계적인 대기업들을 제치고 노벨상 수상자를 처음 배출한 원동력은 어디에서 나왔을까.

연구개발(R&D) 부문을 총괄하는 요시다 다미오(吉田多見男) 이사는 "돈이 되는 제품보다 남이 안 만드는 제품을 만들려는 기업 풍토"를 첫손가락으로 꼽았다. 요시다 이사는 2002년 노벨상 수상 당시 다나카 소장이 속한 연구팀의 리더. 그는 "질량분석기(노벨상 수상의 계기가 된) 개발에 나선 것

노벨상 수상의 계기가 된 단백질 질량분석기.

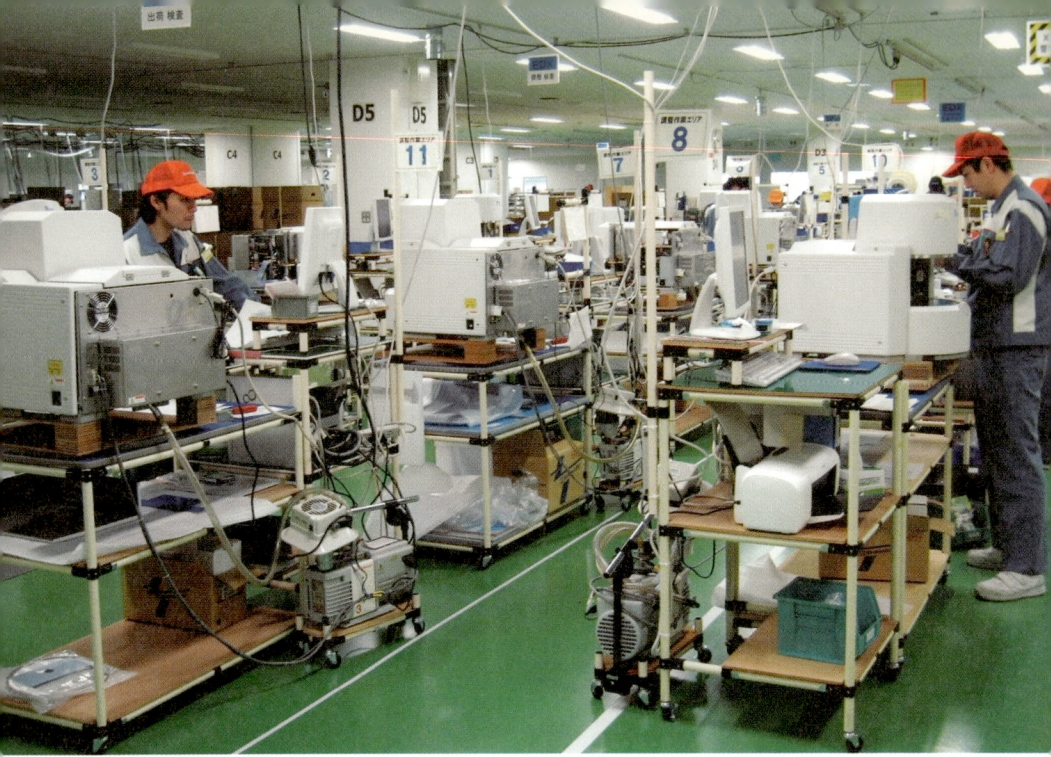
시마즈제작소의 공장 내부.

도 학계에서 이를 연구하는 학자가 거의 없었기 때문"이라며 "1980년대 중반 연구에 착수한 뒤 4년에 걸쳐 개발한 첫 모델은 1대밖에 안 팔렸다."고 밝혔다.

노벨상 수상을 계기로 질량분석기(개량형)의 판매량은 종전보다 비약적으로 늘었다고는 하지만 회사 전체 매출에서 보면 미미한 수준이라는 것. 물론 회사의 이미지 제고와 사원들의 사기 진작 등 간접적인 효과는 컸다. 시마즈제작소는 2002년 3월 결산에서 1875년 창업 이후 처음으로 2년 연속 영업적자를 냈으나 경영 개혁과 노벨상 효과가 맞물리면서 2007년 3월 결산에서는 3년 연속 사상 최고의 영업이익을 경신했다.

기초기술이 튼튼해야

시마즈제작소는 노벨상을 받기 이전부터 수많은 '세계 최초' '일본 최초' 상품을 개발해 유명해졌다. 1877년 일본 최초로 유인 경기구(輕氣球)를 띄우는 데 성공했고 1909년에는 역시 일본 최초로 의료용 X선 장치를 상품화했다. 1952년에는 세계 최초로 광전자식 분광 광도계 생산을 시작했다. 1961년에는 원격 조작식 X선 텔레비전 장치를 개발했다. 역시 세계 최초다. 2003년 세계 최초로 제조한 '직접교환방식 FPD(Flat Panel Detector) 탑재 순환기용 X선 진단장치'는 현재 이 회사의 효자상품 가운데 하나다.

R&D 부문에서 이처럼 눈부신 실적을 낸 비결은 오늘의 끼니보다 내일의 씨앗을 걱정하는 농부 정신에서 나왔다. 시마즈제작소는 박사급 73명을 포함해 전 직원의 3분의 1가량을 R&D 부문에 배치하고 있다. 주주로부터 '눈에 보이는 성과'를 끊임없이 요구받는 상장회사이지만 R&D의 20퍼센트는 제품과 직접 상관없는 기초연구에 투입하고 있다.

1909년에 개발된 일본 최초의 의료용 X선 장치.

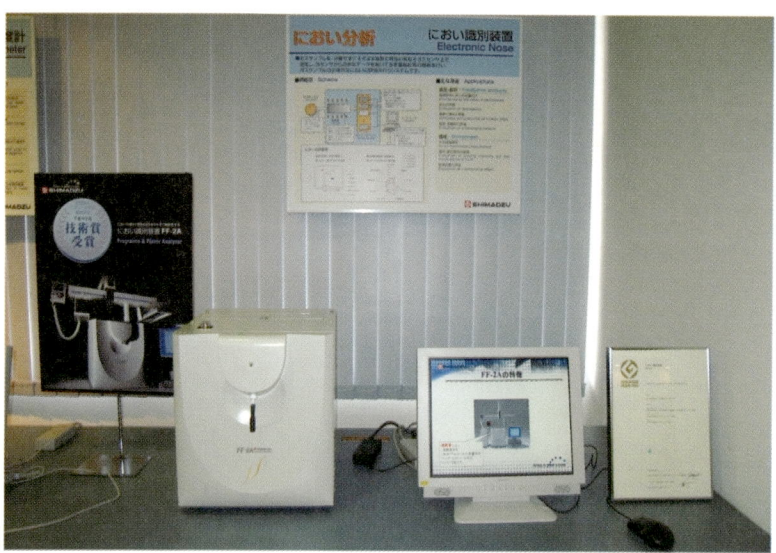

디지털 사향기(Electronic Nose)는 2006년 기술상을 수상한 제품. 시마즈제작소는 탁월한 기술력을 바탕으로 최초의 전문기기들을 생산해내고 있다

요시다 이사는 그 이유를 다음과 같이 설명했다.

"세계 최초나 일본 최초의 제품을 만들려면 응용기술만 가지고는 안 된다. 기초기술이 튼튼해야 한다."

▶ **시마즈제작소의 경영 제언**

1. 니치 시장을 공략하라.
2. R&D를 육성하여 고유의 기술을 축적하라.

화학 · 바이오

류카쿠산

−진해거담제의 대명사 '용각산'

✚ **류카쿠산 개요**

• 창업 연도 | 1871년
• 주력 제품 | 류카쿠산(한국명 용각산).
• 류카쿠산 개발 경위 | 회사 창립 전 아키타 현 일대 영주의 주치의이던 경영주 선조가
　　　　　　　　　지방 비전(秘傳) 처방에 서양의학을 접목하여 약 200년 전 개발
• 본사 소재지 | 도쿄 도 지요다 구 히가시간다
• 연 매출액 | 약 40억 엔(약 320억 원)
• 종업원 수 | 120여 명
• 일본 내 브랜드 인지율 | 약 97퍼센트(15세 이상)
• 주요 수출국 | 한국, 대만, 홍콩, 중국, 미국, 캐나다
• 홈페이지 | www.ryukakusan.co.jp
• 한국 협력회사 | 보령제약(용각산 제조 판매)

'쿨룩하면 용각산' 아이들도 알아요

《"쿨룩하면?" 일본인에게 이 질문을 던지면 십중팔구 다음과 같은 대답이 나온다. "류카쿠산(龍角散·한국명 용각산)." 진해거담제 류카쿠산의 제조업체 류카쿠산의 연 매출액은 40억 엔. 일본 최대 제약업체에 비하면 350분의 1에 불과한 규모다. 그러나 브랜드파워는 어느 곳에도 뒤지지 않는다.》

위기일발

한 조사에 따르면 일본인 100명 중 97명이 류카쿠산을 안다. 200년 간 한 우물을 판 전통에서 나오는 힘이다. 하지만 전통이 기업경영에 항상 도움만 되는 것은 아니다. 때로는 기업의 생명력을 갉아먹는 '암세포'로 돌변한다. 도쿄(東京) 류카쿠산 본사에서 만난 후지이 류타(藤井隆太·48) 8대 사장은 "10여 년 전까지만 해도 류카쿠산이 이런 상태였다."고 회고했다.

1996년 초 의료업계에는 류카쿠산이 공급하는 비타민제와 위장약에 문제가 있다는 소문이 나돌았다. 제조과정에서 과열로 일부 성분이 약간 변색(變色)된 것이 화근이었다. 건강에는 전혀 해가 없었지만 류카쿠산은 사실을 공개하고 관련 제품을 모두 회수했다.

당시 일본은 의약품 안전 문제로 시끄럽던 때여서 제품 회수 소동은 큰 위기로 이어졌다. 거래 거부가 줄을 잇고 판매 실적은 곤두박질쳤다. 하지만 류카쿠산의 제품 회수 결정은 결과적으로 전화위복이 되었다. "류카쿠산은 양심적"이라는 평판이 소비자들 사이에서 확산된 것.

류카쿠산의 진짜 위기는 다른 곳에 있었다. 이렇다 할 신제품이 나오지 않는 가운데 주력 제품인 류카쿠산의 매출은 매년 하향곡선을 그렸다. 적자가 누적되고 빚이 늘어갔지만 류카쿠산의 임직원들은 변화를 모색하려는 시도조차 하지 않았다.

개혁과 부활

입사 1년 만인 1995년 6월 최고경영자가 된 후지이 사장은 이런 류카쿠산의 무사안일주의에 과감한 개혁의 칼날을 들이댔다.

사내의 저항은 거셌다. 특히 1998년 신제품 발매 여부를 둘러싸고 기

진해거담제로 일본에서 선풍적인 인기를 끌었던 류카쿠산(용각산).

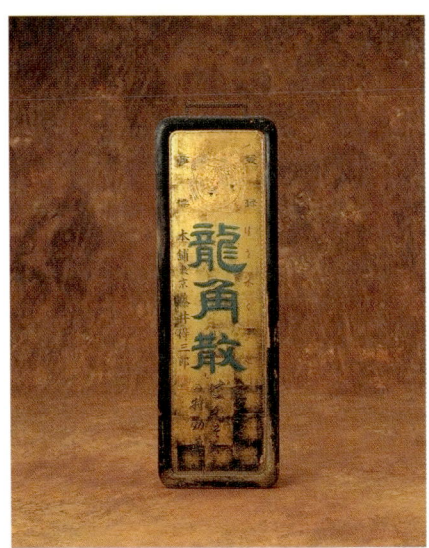

류카쿠산 명패.

후지이 류타(藤井隆太) 사장과 류카쿠산이 생산하는 의약품들. 제품 가운데 우리나라에서도 판매되는 '용각산'이 보인다.

류카쿠산 본사.

존 임원들은 "사업은 사장의 취미가 아니다."라며 강력히 반발하고 나섰다. 그중에서도 약을 삼키기 힘들 정도로 건강이 나쁜 고령자들이 약을 쉽게 먹을 수 있도록 개발한 '연하(嚥下 · 삼켜서 넘긴다는 뜻)보조젤리'가 논란의 대상이었다.

양로원을 직접 방문해 고통받는 고령자들의 모습을 직접 본 후지이 사장은 비록 시장성이 좀 떨어져도 제품을 판매해야 한다고 주장했다. 이에 대해 기존 임원들은 사업성이 떨어지는 제품의 판매는 보류해야 한다고 맞섰다.

결과는 후지이 사장의 승리였다. 연하보조젤리는 약을 먹기 싫어하는 어린이용 의약품 등으로 용도가 확산되면서 판매한 지 4년 만에 1천만 개가 팔릴 정도로 인기를 끌었다.

후지이 사장은 신제품 성공의 여세를 몰아 2004년 텔레비전광고 캐치프레이즈를 '쿨룩하면 류카쿠산'에서 '목을 깨끗하게 류카쿠산'으로 전격 교체했다. 무려 40년 가까이 지속해온 텔레비전 CF를 바꾸는 것은 모험이었지만, '사후 치료에서 예방'으로 소비자 수요가 변한 사실을 읽은 정확한 판단이었다. CF 교체를 계기로 수십 년째 하향곡선을 그리던 류카쿠산의 판매 실적이 상승세로 반전했다.

'귀여운 아이는 여행을 시켜라'

서른여섯이라는 젊은 나이에 경영권을 넘겨받은 후지이 사장이 '늙고 병들었던' 류카쿠산을 '회춘(回春)'시킨 비결은 무엇일까.

후지이 사장은 "당시 류카쿠산은 망해가는 중이었지만 내부에 있는 임직원들은 이를 느끼지 못했다."면서 "나는 밖에서 류카쿠산을 봤기 때문에 문제를 한눈에 볼 수 있었다."고 설명했다.

후지이 사장은 1994년 초 불치병 선고를 받은 부친이 처음으로 경영권 승계 이야기를 꺼내기 전까지는 류카쿠산에 발을 들여놓지 않았다. 음악대를 졸업하고 잠시 음악교사 생활을 한 그는 고바야시제약과 미쓰비시화학 등에서 주로 '현장 영업맨'으로 뛰었다. 그의 부친은 "귀여운 아이는 여행을 시켜라." 라는 일본 속담을 충실히 실천한 셈이다.

후지이 사장은 "기업이 오래되었다는 것은 지금까지 잘해 왔다는 뜻도 되기에 전통이 있는 기업일수록 변화를 싫어하게 마련"이라면서 "하지만 환경이 변하는데도 변화를 거부하는 기업은 망한다."고 강조했다. 그는 "류카쿠산이 200년 동안 하나의 전통을 고수해 오는 것처럼 보이지만 실상은 끊임없는 개혁을 해 왔다."며 "전통이란 개혁의 축적"이라고 말했다.

▶ **류카쿠산의 경영 제언**

1. 환경에 맞게 모험하고 변화하라.
2. 제약은 신뢰가 생명이다. 투명하게 경영하라.
3. 고객 니즈 분석은 현장에서부터 시작하라.

사카모토양조

-규슈의 명물 식초

✚ **사카모토양조 주식회사 개요**

• 창업 연도 ㅣ 1805년
• 법인화 연도 ㅣ 1977년
• 업   종 ㅣ 구로즈 및 건강보조식품 제조업
• 본사 소재지 ㅣ 가고시마(鹿兒島) 시 우에노소노(上之園) 정 21-15
• 연 매출액 ㅣ 17억 7천만 엔(2007년 3월 결산)
• 종업원 수 ㅣ 59명
• 홈페이지 ㅣ www.kurozu.co.jp
• 특   징 ㅣ 5만 2천 개의 구로즈 항아리 보유
• 이   력 ㅣ 1981년 일본농림규격(JAS) 인정 공장
            1985년 가고시마 현 '1업종 1기업 1기술' 모델 공장
            1991년 농림수산성 '고향 인정식품' 전국 제1호
            1996년 농림수산성 '식품산업우량기업' 수상
            2006년 ISO9001:2000 취득

가고시마 기후와 항아리가 빚는 '천연 식초'

《일본 규슈(九州) 남단의 가고시마(鹿兒島) 현. 바다 건너 사쿠라지마(櫻島)를 바라보는 후쿠야마(福山) 정의 서남쪽 비탈진 땅에 키 작은 항아리가 무수히 늘어서 장관을 이룬다. 지역 주민들이 '항아리 밭'이라 부르는 '구로즈(黑酢·흑초)' 양조 현장이다.》

똑같은 재료 넣어도 매번 다른 맛

인구 약 7천 명인 후쿠야마 정에는 모두 8만 개의 항아리가 있다고 한다. 이중 5만 2천 개를 보유한 사카모토(坂元)양조는 1805년 창업한 시니세(老鋪). 지금은 '건강식품'으로 각광을 받게 된 후쿠시마 구로즈를 전국에 알린 공훈자이기도 하다. 구로즈는 200년간 이 지역에 전해 내려온 제조법으로 빚어진다. 재료는 쌀과 누룩, 지하수뿐이다. 여기에 연평균 18.7도인 가고시마의 온화한 날씨와 햇볕, 항아리의 힘이 더해진다. 봄과 가을 연 2회 항아리에 재료를 넣으면 노천에 늘어선 항아리가 1년 이상 시간을 들여 부드러운 천연 현미식초를 빚어내는 것이다. 보통 쌀 식초가 만들어지려면 전분의 당화, 당의 알코올 발효, 알코올의 초산발효 과정이 필요하지만 구로즈는 이 3가지 공정을 한 용기 안에서 이루어낸다. 이는 세계에서도 유례가 없는 제조법이라고 한다.

구라모토 다다아키(藏元忠明·56) 공장장은 "햇볕만으로 발효를 시키니 똑같은 재료를 넣어도 매번 상태에 차이가 납니다. 30여 명의 장인이 매일같이 항아리 밭을 돌면서 뚜껑을 열어보고 발효 상태를 판단합니다. 마치 자식 키우기와 같지요."라고 말한다. 이 항아리 밭은 건강 붐과 함께 최근 찾는 사람이 부쩍 늘었다. 해외 관광객도 적지 않다.

오래될수록 짙은 색깔 '항아리의 마법'

후쿠야마에서 식초 양조가 시작된 것은 약 200년 전. 예로부터 후쿠야마는 조정에 바치는 상납미의 집적지로 쌀이 흔했고 온난한 기후와 풍부한 지하수 덕에 한때는 수십 개의 소규모 식초 양조소가 있었다. 그러나 제2차 세계대전과 함께 상황은 일변했다. 쌀 부족에 더해 합성식초의 등장으로 사카모토 양조 한 군데를 빼고 모두 폐업해버린 것이다.

사카모토양조 공장 마당에 늘어서 있는 항아리들.

잔에 담긴 구로즈의 색깔의 차이는 곧 발효 기간의 차이다. 구로즈는 오래 담가둘수록 색깔이 짙어진다.

이런 후쿠시마 식초를 불사조처럼 부활시킨 인물이 사카모토양조 5대째인 사카모토 아키오(坂元昭夫·77) 회장이다. 그 역시 부친에게서 "양조업은 내 대에서 접겠다."는 말을 들으며 자랐다.

규슈대 의학부를 졸업한 뒤에는 약국을 개업했지만 약국 한 모퉁이에 아버지가 집 뒤뜰에서 만든 현미식초를 진열하고 고객에게 권했다. 그런데 식초를 마신 손님들에게서 "오십견이 나았다." "지병이 좋아졌다."는 소식들이 들려왔다. 의대 인맥을 활용하여 식초의 분석을 의뢰했더니 혈액순환 개선이나 콜레스테롤 감소 효과가 있다는 것을 알게 되었다.

그는 오래 담가둘수록 색이 검어지는 특성을 따서 이 식초를 '구로즈'라 이름 붙이고 생산을 확대했다. 구로즈의 효능이 알려져 몇 차례 매스컴에서 '마시는 식초의 건강효과'가 소개되자 주문은 날로 늘어만 갔다. 주변에서 식초 생산을 다시 시작하는 업자들도 생겼다.

그러나 발효의 신비는 과학의 힘으로 풀려고 하면 할수록 미궁으로 빠져들었다. 기후조건이 다른 도쿄(東京)의 연구실로 보내 발효 과정을 재현해보려 했지만 역시 되지 않았다. 결국 가고시마의 기후와 재료, 항아리가 만들어낸 것이라고 결론 낼 수밖에 없었다.

선인들의 지혜는 아직도 신비의 세계에 있다. "말 그대로 '복잡계'입니다. 지금 확실하게 말할 수 있는 것은 '구로즈에는 20종류 이상의 천연 아미노산이 들어 있고 이 같은 미생물의 다양한 작용이 효능을 안겨준다'는 것 정도입니다."

연구소 설립 등 근대화 모색
항아리 발효의 신비를 해명하는 것, 그리고 고혈압, 동맥경화 등 성인

사카모토양조가 생산하는 '구로즈(흑초)'. 구로즈의 효능이 알려지면서 건강과 미용을 위해 마시는 사람들이 늘었다.

아직 밝혀지지 않은 구로즈의 다양한 효능을 분석하기 위해 사카모토 아키오 회장이 설립한 연구소. 연구소는 사카모토양조의 근대화를 위한 첫걸음이다.

병을 근본적으로 예방하는 연구가 앞으로의 과제라고 사카모토 회장은 말한다. 동시에 회사의 근대화도 서둘고 있다. 6대째 바통을 이어받은 장남 아키히로(坂元昭宏·47) 사장은 미국에서 경영대학원(MBA)을 졸업한 유학파. 구로즈의 효능 분석과 제품관리를 위한 연구소도 설립했다. 최근 몇 년간은 구로즈의 효능을 분석하는 각 대학의 논문이 연간 몇 편씩 쏟아져 나오고 있다.

구로즈는 한국과도 인연이 깊다. 사카모토 양조의 항아리 5만 2천 개 중에는 200년 전부터 물려 내려온 사쓰마야키(薩摩燒) 1천여 개가 있다. 조선 도공의 후예들이 빚었다는 항아리다. 한국 삼천포 근방에서 사왔다는 항아리도 1만 개가량 있다. 사카모토 회장은 "20여 년 전에는 한국에 항아리를 사러 몇 번이나 갔는데, 지금은 좋은 옹기를 만드는 곳이 사라져버렸다."며 아쉬워했다.

▶ **사카모토양조의 경영 제언**

1. 전통을 새롭게 명명하라.
2. 전통과 낙후는 다르다. 근대화하라.

시세이도
−일본 최대의 화장품 업체

✚ **시세이도 그룹 개요**

• 창업연도 | 1872년
• 설립 당시 주력 업종 | 약국
• 현재 주력 업종 | 화장품(일본 1위, 세계 4~6위)
• 연간 매출액(연결 기준) | 6천946억 엔(약 5천568억 원)
• 종업원 수 | 2만 7천460명
• 본사 소재지 | 도쿄 도 주오 구
• 홈페이지 | www.shiseido.co.jp
• 대학생 취업인기 순위 | 3위(〈니혼게이자이〉 신문 조사)
• 주요 브랜드 | 마키아주(화장품), 인터그레이트(화장품), 에릭실 슈페리어(스킨케어),
  아쿠아라벨(스킨케어), 우노(남성화장품), 쓰바키(샴푸 린스)

110년 전 화장수, 아직도 女心 유혹

《일본 도쿄(東京) 주오(中央) 구 시세이도 본사에 가슴 찡한 사연을 담은 편지 한 통이 도착했다. 발신인은 오랜 투병생활을 하던 부인과 2년여 전 사별했다는 한 고령의 남성이었다. 그는 부인이 앓아누워 있는 동안에도 한두 달에 한 번씩 꼭 시세이도 매장에 들러 여성용 화장품을 사다 주었다고 한다. 이제는 화장품을 쓸 사람이 없지만 매달 습관처럼 발길이 시세이도 매장으로 향한다는 사연이었다. 일본에는 이 남성처럼 시세이도 브랜드에 '중독'된 이가 적지 않다. 덕분에 시세이도는 경쟁이 심한 화장품 시장에서도 일본의 미(美)를 대표하는 브랜드로 수십 년째 군림해 오고 있다.》

잘나가는 시세이도의 콤플렉스

화장품 업계 '넘버 2' 가네보를 도산(2004년)으로 몰아넣은 긴 불황(잃어버린 10년) 속에서도 시세이도는 순탄한 성장을 거듭해 왔다.

2007년 초 〈니혼게이자이〉 신문이 일본 대학생들을 대상으로 조사한 입사 선호 기업 순위에서는 도요타자동차나 소니와 같은 세계적 기업들을 제치고 3위에 올랐다. 구체적인 순위에는 차이가 있지만 어떤 기관의 조사에서도 상위 랭크에 시세이도의 이름이 빠지는 경우는 드물다.

하지만 잘나가는 시세이도에도 오랜 콤플렉스가 하나 있었다. 샴푸린스 시장 '만년 4위' 라는 점이었다.

시세이도가 이 시장에서 4위를 하는 데는 그럴 만한 이유가 있었다. 먼저 경쟁업체들의 면면이 만만치 않았다. 세계적인 생활용품 업체인 유니레버와 P&G, 일본 최강의 생활용품 업체인 가오 등 외형이 시세이도보다 월등하게 큰 기업들이 있었다. 4위라고 누가 흉보지도 않지만 시세이도 스스로 자존심이 이를 용납지 않았다.

동백꽃 안방을 공습하다

2006년 3월 30일 텔레비전을 지켜보던 일본 시청자들은 눈이 휘둥그레졌다. 시세이도의 야심작인 '쓰바키(TSUBAKI·동백꽃이라는 뜻)' 샴푸 광고가 안방을 공습한 것.

일본의 '국민그룹' 인 SMAP가 부르는 노래 '디어 우먼(Dear Woman)' 을 배경으로 나카마 유키에(仲間由紀惠) 등 톱스타가 6명이나 등장하는 화려함이 단연 눈길을 끌었다. 꽃병을 연상시키는 심홍색 용기(容器)는 이색적이었다. '일본 여성은 아름답다' 는 광고 문구도 참신했다.

쓰바키의 마케팅을 책임진 스나이덴 후사코 브랜드매니저는 "당시

한 고객이 시세이도 매장에서 제품을 테스트해보고 있다. 시세이도는 '일본여성의 아름다움'을 대표하는 브랜드로 자리매김했다.

쓰바키의 성공으로 시세이도는 샴푸 린스 시장까지 평정했다. 사진은 쓰바키의 후속, 시로이쓰바키.

만 해도 기능을 강조하는 문구가 샴푸 광고의 공식처럼 되어 있었다.”고 설명한다.

시세이도는 쓰바키 광고에만 연간 50억 엔(약 400억 원)을 쏟아 부었다. 결과는 경이적이었다. 시세이도가 수십 년 숙원이던 샴푸 린스 시장 정상을 밟는 데는 채 2주가 걸리지 않았다. 연간 판매액은 180억 엔(약 1천 440억 원)을 기록했다. 상품이 히트한 것은 둘째 치고 광고 자체가 ‘장안의 화제’였다.

길은 초심(初心) 속에 있었다

단숨에 1위를 낚아챈 원동력은 어디에서 나왔을까. 1872년 서양식 조제약국으로 문을 연 시세이도는 1897년 화장수 ‘오이데루민’(지금도 팔리는 110년 된 장수 상품)을 내놓으면서 화장품 시장에 뛰어들었다.

1915년경에는 아예 주력 업종을 약품에서 화장품으로 바꾸고 로고도 새로 정했다. 이때 창업자의 아들이자 유명한 사진 예술가인 후쿠하라 신조(福原信三) 사장이 직접 디자인까지 하면서 정한 로고가 바로 동백꽃(쓰바키)이다.

그가 장미나 벚꽃 등 더 화려한 꽃들을 제치고 동백꽃을 선택한 이유는 당시 시세이도의 최고 인기 상품이 ‘향유(香油) 쓰바키’라는 머릿기름이었기 때문이다. 2006년 ‘쓰바키’는 상품 개념과 이름까지 90여 년 전 머릿기름 ‘쓰바키’의 복사판인 셈이다.

서양의 기술에, 동양의 정신

“일본 여성은 아름답다는 메시지가 여성들의 공감을 얻었다. 즉 ‘일본’이라는 착안점이 과녁을 명중시킨 것이다.”

'오이데루민'의 110년 전 모델

현재의 '오이데루민'. 110년 동안 꾸준히 사랑받고 있는 시세이도의 대표 화장수다.

상품 및 디자인개발 전문가인 가와시마 요코(川島蓉子) 씨는 저서 《시세이도 브랜드》에서 쓰바키의 최대 성공 요인을 이렇게 설명했다. 즉 서구의 아름다움을 맹목적으로 동경하던 일본 여성들이 콤플렉스를 극복하고 자신감을 얻어가는 시대흐름을 시세이도가 정확하게 포착했다는 것이다.

이 또한 시세이도의 '초심'과 맥이 닿는다. 135년이 지난 지금도 면면히 이어지는 시세이도의 창업정신은 화혼양재(和魂洋才). 한국의 동도서기(東道西器), 중국의 중체서용(中體西用)처럼 '일본(한국, 중국)의 정신에 서양의 기술을 접목한다'는 뜻이다.

▶ **시세이도의 경영 제언**

1. 브랜드의 목적을 명확히 하라.
2. 다각적인 접근으로 새로운 수요를 창출하라.

시세이도의 메가브랜드 전략

일본 화장품업계 부동의 1위를 고수해 온 시세이도는 2000년대 들어 화장품시장이 정체현상을 거듭하는 데 대해 강한 위기감을 느꼈다. 시세이도 경영진은 침체된 분위기에 돌파구를 열기 위해 경영을 대대적으로 혁신하는 3개년 개혁을 내놓았다. 또, 개혁안을 시행함과 동시에 개혁안 마련작업을 총괄 지휘해 온 마에다 신조(前田新造) 경영기획실장을 사장으로 전격 발탁했다. 사내 서열을 14계단이나 건너뛴 파격적인 인사였다.

이와 같은 개혁회오리 속에서 등장한 것이 쓰바키를 포함한 이른바 '메가브랜드 전략'이다. 메가브랜드 전략을 이해하기 위해서는 종전의 시세이도 브랜드가 어떤 상태인지부터 알 필요가 있다. 시세이도는 1980년대에 각 상품별로 브랜드를 남발한 결과 소비자들로부터 어떤 것이 시세이도 브랜드인줄 모르겠다는 불평을 들었다. 시세이도가 메가브랜드 전략을 출범시키기 전 유통되던 브랜드만 보더라도 프라우디아, 피에누, 셀휘트, 후후, 에릭실, 유브이화이트, 아스프릴, 그레이시리치, 우노, 제레이드 등 눈이 어지러울 지경이었다. 브랜드가 많다보니 나타나는 가장 큰 부작용은 브랜드파워의 저하였다. 경영자원을 여기저기 분산시키는 바람에 브랜드파워가 하향평준화하는 현상이 나타난 것이다.

마에다 사장은 '중구난방'에 가까운 브랜드를 철저히 6개로 압축했다. 다만 백화점한정 판매용 고급화장품은 '크레 도 포 보데'와 전문점한정 판매용 화장품 '베네휘크'는 유통채널이 한정되어 있는 만큼 확장전략인 메가브랜드 전략 대신 심화전략을

시세이도의 메이크업 제품 브랜드인 '마키아주'

펼치기로 했다. 양판점과 약국 등 다양한 판매경로에서 팔리고 있는 제품을 압축한 6개 브랜드가 스킨케어인 '에릭실 슈페리어'와 '아쿠아레벨', 메이크업 제품인 '마키아주', 헤어케어 제품인 '쓰바키', 남성용 화장품인 '우도' 등이다. 쓰바키만이 신생브랜드이고 나머지는 기존 브랜드 2, 3개를 하나로 압축한 것이었다.

브랜드를 압축한 다음 시세이도는 해당 브랜드를 각 카테고리별 시장 1위로 키우는 전략을 가동했다. 분산되어 있던 광고판촉비를 통합하여 주요 브랜드에 대해 공격적이고 파격적인 CF전략을 구사해 나갔다. 시세이도의 이 같은 전략은 시장에서 큰 반향을 불러일으켰다. 일각에서는 시세이도가 광고판촉비를 엄청나게 증액했다는 소문도 나돌았다. 하지만 시세이도 측은 "광고판촉비를 대폭 증액했다는 것은 사실이 아니다."면서 "선택과 집중에 따른 결과일 뿐"이라고 설명했다.

메가브랜드의 성과를 입증해주는 유력한 지표는 주가다. 물론 전적으로 메가브랜드전략 덕분으로 돌리기는 어렵지만 메가브랜드전략 시행 전 1천500엔 대를 밑돌던 시세이도의 주가는 2008년 7월 상반기 현재 2천300~2천700엔 대에서 움직이고 있다.

하야시바라
−물엿에서 첨단 바이오로

✚ 하야시바라 그룹 개요

- 창업 연도 | 1883년(물엿 제조업체)
- 본사 소재지 | 오카야마 현 오카야마 시
- 홈페이지 | www.hayashibara.co.jp
- 계열사 수 | 15개
- 종 업 원 | 1천158명(핵심 4개사는 사원의 3분의 1이 연구 인력)
- 연간 매출액 | 785억 엔(약 6천280억 원)
- 매 출 액 | 매출액 대비 연구개발비 10∼30퍼센트
- 주요 상품 | 당(糖)의 일종인 트레하로스, 플루란, 말토오스 등
- 최고경영자 | 하야시바라 겐(林原健)

"넘버 원도 싫다! 온리 원 기업으로"

《"윙윙윙……." 신칸센 오카야마(岡山) 역에서 얼마 떨어지지 않은 ㈜하야시바라의 아담한 본관 옆. 10년 이상 외벽을 손보지 않은 것 같은 낡은 건물 안에 공룡과 고생물의 화석과 표본이 어지럽게 널려 있었다. 정강이가 사람 키 높이만 한 사우롤로푸스의 뼈, 돌에서 아직 떼어내지 않은 프로토케라톱스의 머리와 몸통, 머리부터 꼬리까지의 형체가 또렷하게 남아 있는 어룡(魚龍) 화석 등이 눈길을 끌었다.》

공룡 연구하는 물엿회사

공룡 화석 표본을 갈아대는 요란한 기계음을 배경으로 '공룡 발자국 전문가'인 이시가키 시노부(石垣忍) 하야시바라 자연사박물관 부관장은 "우리 회사에는 몽골 연구팀과 공동으로 고비 사막에서 직접 찾아낸 화석도 있다."며 "5명의 고생물 및 지질학 전문가가 일하고 있다."고 소개했다. 옆에 있던 무라시마 간지(村島完治) 하야시바라 이사가 거들었다.

"하야시바라에는 공룡 전문가 외에도 침팬지 권위자, 전통 옻칠 전문가, 일본도(日本刀) 장인, 중국 악기인 금(琴) 연구자 등 특이한 전문지식과 경력을 가진 사원이 즐비합니다."

15개 계열사를 모두 합하면 연간 매출액이 785억 엔(약 6천280억 원)에 이르는 오카야마의 간판기업 하야시바라는 '물엿회사'다.

124년 전 설립될 당시부터 전분(澱粉·녹말)을 원료로 사용하여 물엿을 만드는 회사로 출발했다. 지금도 주력 상품의 대부분은 전분을 원료로 한 당(糖)이라는 점에서 물엿과 크게 다르지 않다. 공장 설비도 수십 년 전 물엿을 만들 때 사용하던 것과 비슷하다. 하지만 이 회사를 '굴뚝기업'으로 생각하면 큰 착각이다. 효소와 미생물 분야에서 세계적인 기술력을 자랑하는 첨단 바이오 기업이다.

다른 회사가 따라올 제품 아예 손도 안대

하야시바라의 매출에서 최대 비중을 차지하는 것은 트레하로스다. 일각에서 '꿈의 당(糖)'이라고도 불리는 트레하로스는 사막에서 10년 이상 건조시켜도 물만 주면 다시 살아나는 '아프리카 수면모기'의 끈질긴 생명력과 깊은 관련이 있는 것으로 알려져 있다.

트레하로스는 특수한 기능 덕에 일부 의약품, 식품, 화장품 원료로 일

이시가키 시노부(石垣忍) 하야시바라 자연사 박물관 부관장. 하야시바라는 물엿회사지만 다양한 분야의 연구를 지원하고 있다.

왼쪽 제품이 바로 '꿈의 당'이라 불리는 트레하로스.

찍부터 주목을 받았지만 대량 제조가 어렵다는 게 결정적인 한계였다. 여기에 돌파구를 연 것이 하야시바라였다. 이 회사는 1994년 고구마 전분과 옥수수 전분을 사용하여 트레하로스를 대량으로 생산하는 기술을 세계 최초로 개발해 킬로그램당 4만 엔 안팎이던 제조원가를 300엔 수준으로 떨어뜨렸다.

트레하로스와 더불어 이 회사의 3대 '효자상품'인 플루란과 말토오스도 사실상 경쟁자가 없는 상태다. 다른 회사가 금방 따라 만들 수 있는 제품은 아예 손을 대지 않는다는 것이 19세 때부터 회사를 경영해 온 하야시바라 겐(林原健·66) 사장의 지론이다.

소변 마시는 억만장자의 R&D 열정

하야시바라가 남들이 못 만드는 제품을 만들어내는 비결은 연구개발(R&D)에 대한 남다른 열정이다.

하야시바라그룹의 계열사 가운데 중추에 해당하는 4개 계열사는 640여 명의 사원 중 3분의 1가량이 R&D 인력이다. 일본에서 R&D에 열심인 기업의 매출액 대비 R&D 비용의 비율은 평균 6퍼센트 안팎으로 알려져 있지만 하야시바라는 10퍼센트가 넘는다.

이 회사가 공룡, 침팬지, 일본도 등의 전문가를 끌어 모아 진행하는 연구는 전분이나 효소 등 이 회사 주력 상품의 원료와는 직접적인 관련이 없다. 하지만 이런 연구는 회사와 사원들의 시야를 넓히고 상상력을 키우는 데 도움을 주며, 이러한 유연한 사고의 토대 위에서 진정한 히트 상품이 나온다는 게 이 회사의 믿음이다.

무엇보다 최고경영자(CEO)인 하야시바라 사장부터가 R&D라면 자다가도 벌떡 일어나는 인물이다. 그는 과거 오줌요법을 개발할 때 솔선해

하야시바라의 연구소 전경.

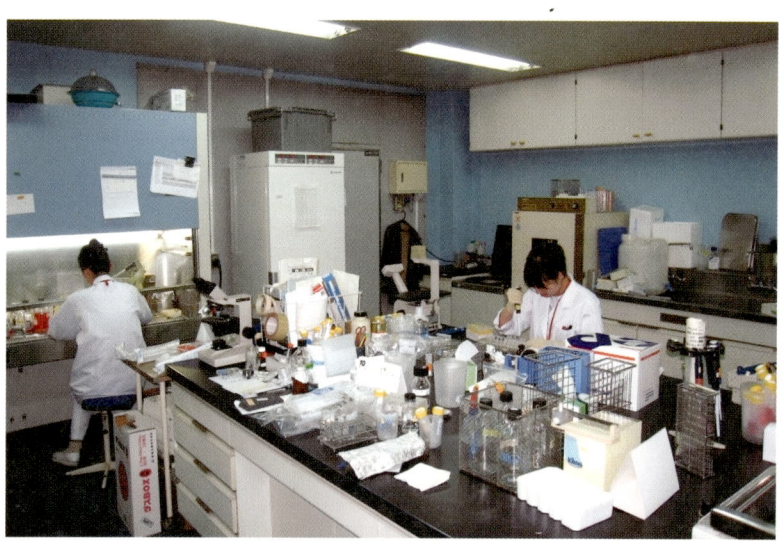

연구소의 내부. 연구개발에 남다른 애정을 가진 하야시바라는 다른 회사에 비해 R&D에 투자하는 비율이
높다. 그만큼 독자적인 기술을 많이 확보하고 있다.

서 한동안 자신의 소변을 마셨을 정도다.

10년, 30년 뒤 팔릴 상품을 만든다

1973년 어느 날 숙취에 시달리던 한 사원이 귀가를 서둘다가 무심결에 시험관을 바닥에 쓰러뜨렸다. 이 직원이 다음 날 출근해보니 시험관이 넘어진 자리에 깨끗하면서 얇은 막이 생겨 있었다. 하야시바라는 이 물질(풀루란)을 2년 뒤 약 캡슐용 등으로 상품화했지만 판매 실적은 변변치 않았다.

풀루란이 빛을 본 것은 무려 30년 뒤였다. 광우병 파동이 전 세계를 휩쓸면서 제약 업체들이 캡슐용으로 쓰던 동물성 젤라틴을 풀루란으로 교체하기 시작한 것. 무라시마 이사는 "이처럼 장기적인 안목에서 경영을 할 수 있는 것은 비상장 가족경영체제가 가진 장점 중의 하나"라고 말했다.

▶ 하야시바라의 경영 제언

1. '차별화'가 연구개발의 키워드다.
2. 상상력을 발휘할 수 있는 유연한 R&D 환경을 만들어라.

유통 · 서비스

기야

—고급 부엌칼 전문점

✚ 기야 개요

- 창업 연도 | 1792년
- 창업 당시 업종 | 목공용 날붙이도구 도매
- 현재 업종 | 부엌칼 등 주방용 날붙이 도매
- 본사 소재지 | 도쿄 도 주오 구 니혼바시무로 정
- 연매출액 | 26억 6천만 엔
- 종업원 수 | 200여 명
- 소 매 점 | 도쿄 니혼바시 직영과 백화점 등 160여 곳
- 홈페이지 | www.kiya-hamono.co.jp
- 사 훈 | ① 대물림 장사임을 잊지 말 것.
  ② 상품에 성실을 담을 것.
  ③ 항상 새로운 연구를 게을리 하지 말 것.

"R&D로 녹슬지 않게" 216년 날 선 경영

《독일 베를린동양미술관이 소장한 일본 미술품 중에는 '기다이쇼란(熙代勝覽)'이라는 두루마리 그림이 있다. 1805년경 에도(도쿄·東京의 옛 이름)의 대표적 상점거리였던 니혼바시(日本橋) 일대의 모습을 1천690명이 함께 그린 역작이다. 그림 속에는 칠그릇, 날붙이(칼, 낫, 도끼 등 날이 서 있는 제품), 전통악기 등 취급 상품은 각각 다르지만 '기야(木屋)'라는 상호를 똑같이 내건 도매상들이 죽 늘어선 모습이 묘사되어 있다. 본점인 칠그릇 도매상에서 일하던 종업원들이 바로 옆에 가게를 내 독립하면서 작은 '기야 구역'이 만들어졌던 것. 그 후 체제 변화, 전쟁, 가난, 불황 등 격동의 200년이 흘렀지만 기야라는 상호는 지금도 건재하다.》

'유일한 생존자'

도쿄에서 지하철 긴자(銀座)선을 타고 미쓰코시마에 역에 내리면 일본의 부유층에게 가장 인기가 높은 백화점인 미쓰코시의 니혼바시 본점과 중요문화재로 지정된 사무용빌딩 미쓰이 본관이 웅장한 외관을 드러낸다. 사거리를 끼고 이 두 건물과 마주하고 있는 낡은 6층짜리 건물의 외벽에는 일본의 전통인물화와 함께 큼지막한 한자 간판이 걸려 있다.

'刃物の木屋(날붙이의 기야)'

100제곱미터가 조금 못 되는 1층 직영매장 안에는 수를 헤아릴 수 없을 정도로 많은 부엌칼과 가위, 주방용품 등이 진열장을 가득 채우고 있었다.

수많은 날붙이 중에서도 단연 그 수가 많은 것은 부엌칼. 가격은 대개 1만 엔 안팎으로 일반 양판점에서 파는 제품보다 4, 5배가량 비싸다.

가토 도시오(加藤俊男·81) 기야 사장은 "이곳이 바로 1792년 기야 본점(칠그릇의 기야)에서 갈라져 나온 날붙이의 기야"라면서 "기야라는 상호를 쓰던 다른 도매상은 모두 문을 닫거나 이 일대에서 모습을 감췄다."고 설명했다.

연구개발로 매장서 신뢰 쌓아

기야가 제품을 판매하고 있는 소매점은 본사 직영점 외에도 일본 전역에 걸쳐 160곳에 이른다. 대부분은 유명 백화점 안에 있는 판매점들이다. 가장 고급품 시장인 백화점만 따지면 일본 부엌칼 시장의 80퍼센트를 차지하고 있다. 그 대신 기야는 양판점 등에는 전혀 제품을 공급하지 않는다. 그 이유를 묻자 가토 사장은 사훈(社訓) 중 두 번째 항목을 가리켰다.

'상품에 성실을 담을 것.'

기야의 본사. 일본 전통 인물화 아래 '날붙이의 기야'라는 간판이 보인다.

기야 본사의 직영 매장. 칼, 가위 등 모든 종류의 날붙이가 여기 있다. 한쪽 구석에서 날을 벼리는 직원까지 따로 있다.

최고 실력을 갖춘 장인(匠人)들에게만 제조를 맡기기에 양판점용 가격 대 제품은 만들 생각도 없고 만들 방법도 없다는 설명이었다. 기야는 직접 제품을 만들지 않는 유통기업이지만 다른 도매업체들과는 다른 독특한 특징을 한 가지 갖고 있다. 신상품 개발과 설계, 품질 테스트 등은 남의 손을 빌리지 않고 직접 한다는 점이다.

기야의 사훈 세 번째 항목이 '항상 새로운 연구를 게을리 하지 마라'인 것은 이런 이유다.

가토 사장은 기야가 백화점들로부터 절대적인 신뢰를 얻게 된 요인으로 이 같은 연구개발력과 함께 지금까지 시대 변화를 선도하면서 쌓아 올려온 이미지를 꼽았다.

스테인리스강 부엌칼 보급의 일등공신

일본 최고의 명문사학인 와세다(早稻田)대 응용금속과를 나온 가토 사장은 졸업과 함께 가업을 계승하기 위해 기야에 입사했다. 일본에서 스테인리스강 부엌칼이 갓 보급되던 시절이었다. 녹이 슬지 않는다는 장점이 있었지만 소비자들은 스테인리스강 부엌칼을 외면했다. 가토 사장이 판매 창구에서 한결같이 듣는 이야기는 "날이 잘 안 든다."는 불만이었다.

해결방법을 찾기 위해 대학 시절 두꺼운 전공서적을 뒤지던 가토 사장은 소비자를 만족시켜 줄 수 있는 스테인리스강이 있다는 사실을 발견한다. 그는 일본에 있는 철강회사를 하나도 빼놓지 않고 찾아다녔다. 그러나 "기야가 원하는 주문량으로는 제조에 들어갈 수 없다."는 답변뿐이었다.

가토 사장은 그래도 포기하지 않고 해외 철강업체들까지 뒤진 끝에 오스트리아의 한 회사로부터 공급 약속을 받아냈다. 새 스테인리스강을

기야에서 판매하는 다양한 조리용 칼.

가토 도시오(加藤俊男) 기야 사장.

사용한 부엌칼은 기존의 강철 부엌칼을 빠른 속도로 밀어내며 시장의 주류로 자리 잡았다. 이때 기야가 내놓은 '에델바이스 시리즈'는 지금도 기야의 최대 효자상품이다.

부엌칼의 올바른 사용법 등을 보급하기 위해 적극적인 강연활동도 하고 있는 가토 사장은 "스테인리스강 칼은 잘 들지 않는다."는 말이 아직도 가끔 나오는 이유를 다음과 같이 설명했다.

"강철 칼은 날이 무뎌지면서 녹이 슬기 때문에 손질을 한다. 하지만 스테인리스강 칼은 녹이 슬지 않기에 손질을 하지 않는다. 겉보기에 반짝반짝 빛이 나더라도 갈고 닦지 않으면 안 된다."

비단 칼뿐만 아니라 기업경영에도 적용할 수 있는 이야기라고 가토 사장은 말했다.

▶ 기야의 경영 제언

1. 판매 제품에 대해 연구하라.
2. 고객의 요구를 제품에 철저히 반영하라.

데이코쿠데이터뱅크

−신용조사의 달인

✚ 데이코쿠데이터뱅크 개요

- 창업 연도 ∣ 1900년
- 업   종 ∣ 기업신용 조사, 데이터베이스 서비스, 출판
- 본사 소재지 ∣ 도쿄 도 미나토 구 미나미아오야마
- 연 매출액 ∣ 463억 엔(약 4천360억 원)
- 종업원 수 ∣ 3천100명
- 홈페이지 ∣ www.tdb.co.jp

"정보산업에 2등은 없다" 혁신 또 혁신

《신용조사업체는 어떤 기업이 망할지, 안 망할지를 가려내는 프로다. 과연 이들 기업은 스스로 살아남는 데도 프로일까. 일본의 신용조사업체 1호는 1892년 오사카(大阪)에 설립된 상업흥신소다. 이 회사는 4년 뒤 도쿄(東京)에 문을 연 도쿄흥신소와 함께 산업화 초기 일본의 신용조사업계를 양분하다시피 했다. 일본은행과 대형 은행들이 출자한 반관(半官) 업체인 이 두 회사는 제2차 세계대전 중 합병된 이후에도 한동안 업계의 최강자로 군림했다. 그러나 패전 후 일본은행과 대형 은행들의 보호막이 사라지자 합병회사는 점점 쇠퇴의 길을 걷다 결국 문을 닫았다. 생존 비결을 아는 것과 실천하는 것은 다르다는 사실을 보여주는 비근한 사례인 셈이다. 그렇다고 해서 이론과 실천을 겸비한 회사가 아주 없는 것은 아니다. 현재 일본 최대의 신용조사업체로 108년 역사를 자랑하는 데이코쿠데이터뱅크가 그렇다.》

"부끄러운 역사도 소중한 교훈"

일본 방위성과 도로 하나를 사이에 두고 마주하고 있는 도쿄 신주쿠(新宿) 구 혼시오(本塩) 정 데이코쿠데이터뱅크 사료관. 신용조사사업의 발전과 데이코쿠데이터뱅크의 108년 역사를 한눈에 보여주는 자료가 가득한 이곳에서 1950년대 노사분쟁을 상세하게 설명해놓은 코너가 유독 눈길을 끌었다. 자랑 위주로 꾸미게 마련인 기업의 기념관에서는 좀처럼 찾아보기 어려운 어두운 소재였다.

데이코쿠데이터뱅크는 1953년부터 7년여에 걸쳐 과격한 노사분규를 겪으면서 존망의 위기를 겪었다. 1956년에는 약 1개월간 직장폐쇄를 단행하기도 했다. 다카쓰 다카시(高津隆) 사료관장은 "우리 회사의 100년사에서 가장 감추고 싶은 부분이지만 미래의 발전을 위한 교훈으로 삼기위해 비중을 둬 전시했다."고 설명했다.

좋은 역사든 나쁜 역사든 소중히 간직하려는 데이코쿠데이터뱅크의 자세는 1천여 쪽에 이르는 《데이코쿠데이터뱅크 100년사》에도 나타난다. 고토 다케오(後藤武夫) 창업주가 창업 직후 경찰에 두 차례나 횡령 등 혐의로 구속된 사실조차 빠짐없이 기술하고 있다.

다카쓰 관장은 "비록 2건 모두 무혐의로 판정이 났지만 오해를 받았다는 것 자체가 잘못"이라며 "반면교사로 삼아야 할 역사"라고 말했다.

창업자의 부끄러운 개인사까지도 감추려 하지 않는 데이코쿠데이터뱅크가 창업정신을 소중히 여기는 것은 두말할 나위가 없다. 고토 창업주가 강조했던 '탈속(脫俗)' 정신은 지금도 가장 중요한 경영모토로 자리잡고 있다. 일반적으로 탈속이란 세속을 벗어난다는 뜻이지만 데이코쿠데이터뱅크에서는 다른 회사보다 월등히 뛰어난 회사, 유례가 없는 혁

데이코쿠데이터뱅크의 사료관을 소개하는 다카쓰 다카시(高津隆) 사료관장. 자료를 수집하고 분석하는 기업답게 자사의 모든 자료들을 보관하고 있다.

신적인 서비스라는 의미다.

"두 번째로 접하는 정보는 가치 없어"

1950년대 노사분규의 후유증으로 빈사 상태에서 헤매고 있던 이 회사를 살린 것도 '탈속=혁신'이었다. 데이코쿠데이터뱅크는 1967년 일본 신용조사업계에서 처음으로 컴퓨터를 도입했다. 당시는 전자계산기의 연산 결과를 주판으로 확인한 뒤에야 믿을 정도로 전자기기에 대한 거부감이 강하던 시절이었다. 사내에서도 반발이 있었지만 경영진은 1970년 컴퓨터를 대형화하고 이듬해에는 재무분석 업무를 종이작업에서 전산작업으로 바꾸었다.

또, 이 회사가 축적해둔 신용조사 자료를 전산화하여 1972년 2월 기업 재무 데이터베이스 서비스인 '코스모스1' 사업을 업계 최초로 시작했다. 이후 데이코쿠데이터뱅크는 정보화 분야에서 항상 다른 업체들보다 한발 앞서 달렸다.

일례로 일본 국토교통성이 2001년 9월 공공사업 전자입찰시스템을 처음 도입했을 때는 전자인증서 발행업무를 이 회사에 독점시켰다. 당시 이를 기술적으로 무리 없이 할 수 있는 회사가 데이코쿠데이터뱅크 한 곳뿐이었기 때문이다.

남보다 한발 앞선 경영은 월등히 앞선 실적을 낳았다. 2006년 10월부터 2007년 9월까지 1년간 데이코쿠데이터뱅크는 463억 엔의 매출에 41억 엔의 당기순이익을 올렸다. 이에 비해 업계 2위인 도쿄상업리서치의 매출액과 당기순이익은 각각 163억 엔과 4억 엔에 불과했다. 당기순이익에서 약 10배나 차이가 나는 셈이다.

다카쓰 관장은 그 이유를 이렇게 설명했다.

"정보는 처음으로 가진 곳이 절대적인 강자다. 두 번째로 접하는 정보는 정보로서 가치가 없다. 따라서 정보산업에는 오직 1등만 있을 뿐 2등은 없다."

▶ 데이코쿠데이터뱅크의 경영 제언

1. 저장하고 기억하라. 모든 정보와 자료는 기업의 힘이다.

2. 남보다 한 발 앞서 움직여라.

데이코쿠데이터뱅크의 본사.

데이코쿠데이터뱅크의 위험한 회사 체크리스트(총 100개 항목에서 발췌)

구 분	내 용
사장과 임원	– 경영과 관계없는 직함이 많다.
	– 일보다 우선시하는 것이 있다.
	– 자리를 비울 때가 많다.
	– 가정이 원만하지 않다.
	– 사람이 너무 착하다.
종 업 원	– 젊은 여성의 이직률이 높다.
	– 경리 담당자가 자리를 비울 때가 많거나 퇴직했다.
	– 중견사원의 술자리가 늘었다.
	– 사장과 간부에 대한 험담이 늘었다.
상품·기술·서비스	– 재고가 극단적으로 늘거나 줄었다.
	– 새 기계가 놀고 있다.
	– 설비투자를 한 만큼 매출이 늘지 않았다.
	– 단품(單品) 기술을 과신하고 있다.
	– 매출액 정체나 감소가 3년 이상 계속되고 있다.
재 무	– 3년 연속 적자를 냈다.
	– 차입금이 월 매출의 3배 이상이다.
	– 매출액 대비 접대비가 많다.
	– 작은 금액을 수표로 지불했다.
기 타	– 사무실과 화장실이 지저분하다.
	– 갑자기 회의가 많아졌다.
	– 정치인, 연예인, 폭력단과 교류가 있다.
	– 비밀주의가 지나치다.
	– 눈이 어지러울 정도로 취급 상품이 자주 바뀐다.

마루젠
−명작(名作)의 무대

✚ 마루젠 개요

- 창업 연도 | 1869년
- 업   종 | 서적 및 문구·사무용품 판매, 출판, 교육 관련
- 주요 점포 수 | 49곳
- 본사 소재지 | 도쿄 도 주오 구 니혼바시
- 연 매출액 | 1천25억 엔
- 종업원 수 | 856명(임시직 포함하면 2천220명)
- 홈페이지 | www.maruzen.co.jp

개화기 동서 문물교류 상징…"日 주식회사 1호"

《'내가 마지막으로 선 곳은 마루젠(丸善) 앞이었다.' 1925년 발표된 가지 모토지로(梶井基次郎)의 명작 소설 《레몬(영몽)》의 한 구절이 최근 일본에서 적잖은 화제를 낳았다. 소설에 등장하는 마루젠은 의사인 하야시 유테키(早矢仕有的)가 1869년에 창업한 기업. 일본의 개화 초창기에 서양의 서적과 문구를 수입해 판매했고 139년이 지난 지금도 연간 매출 1조 원대의 중견 기업으로서 면면히 역사를 이어가고 있다. 이미 83년 전에 발표된 소설이 새삼스럽게 논란의 대상이 된 경위는 다음과 같다.》

명작의 무대 마루젠

문부과학성은 2008년 3월 고교 3학년 교과서를 검정하면서 《레몬》이 실린 한 출판사의 현대문 교과서에 '칼질'을 했다.

출판사 측이 학생들의 이해를 돕기 위해 글과 함께 게재한 마루젠 교토(京都)지점의 옛날 사진이 특정 기업을 선전할 우려가 있다며 삭제 지시를 내린 것. 문부과학성의 이런 조치는 일본 지식인 사회에서 조롱거리가 되었다. 마루젠이 비록 '특정 기업'이기는 하지만 개화기 일본의 지식인 사회와 서양 문물의 만남을 이해하는 데 없어서는 안 되는 핵심 '문화코드'라는 사실 때문이었다.

《레몬》외에 마루젠이라는 고유명사가 등장하는 소설을 2, 3개만 꼽아보면 일본 지식인 사회의 반응은 금방 이해가 된다. 먼저 일본 국민의 애독서 순위 1위에 단골로 오르는 나쓰메 소세키(夏目漱石)의 《마음》에 '나는 반나절을 마루젠의 2층에서 보낼 각오로 갔다'는 구절이 보인다.

아쿠타가와 류노스케(芥川龍之介)의 《톱니바퀴》에도 '마루젠 2층'이 등장한다. 일본의 대표적 동화작가 미야자와 겐지(宮澤賢治)는 마루젠에서 산 원고지에 화제작 《은하철도의 밤》을 남겼다.

주주와 종업원 분리

물론 마루젠은 일본의 문학뿐만 아니라 기업사와 상품사(史)를 이해하는 데도 빼놓을 수 없는 존재다. 하야시 창업주는 요코하마(橫賓)에 마루젠의 전신인 '마루야'를 창업하면서 주주와 종업원을 처음으로 명확하게 분리했다. 즉 마루젠은 사실상 일본 최초의 주식회사인 셈이다.

마루젠은 1874년에는 종업원 복지를 위해 지금의 생명보험에 해당하는 '사망청부규칙' 제도를 도입했다. 이를 담당했던 임원은 나중에 마루젠을 퇴사한 뒤 일본 생명보험산업 출범의 산파역이 되었다.

일본에 만년필과 타이프라이터를 처음 소개한 곳도 마루젠이었다. 특히 '만년필'이라는 이름 자체가 마루젠에서 만년필 판매를 담당했던 종업원의 별명에서 유래한 것으로 알려져 있다. 일본에 브리태니커 백과사전을 보급한 서적 월부판매의 선구자도 마루젠이었다. 한국에서 '하이라이스'로 불리는 '하야시라이스'를 처음으로 고안해낸 이가 하야시 창업주라는 설도 유력하다. 일본의 주요 도시에 있는 마루젠의 대형 점포에 가면 하야시라이스를 파는 카페가 반드시 붙어 있는 것은 이 때문이다.

"다시 한 번 마루젠이 되겠다"

이처럼 화려한 역사를 자랑하는 마루젠이지만 지난 20여 년간의 경영은 순탄하지 않았다. 일본 경제의 거품이 붕괴하면서 마루젠이 과거 사놓은 부동산과 주식 등 자산의 가치가 크게 떨어졌다. 아마존 등 인터넷 서점이 떠오르면서 마루젠의 주력사업이던 서양서적 수입판매의 부가가치도 내리막길을 걸었다. 2000년에는 채권 투자로 56억 엔에 이르는 손실까지 입었다. 2007년에는 회계부정 스캔들로 경영진이 교체되는 우여곡절도 겪었다.

다행히 자금 부족 문제는 새로운 투자자가 나타난 덕분에 비교적 간단히 해결했다. 그러나 본업의 수익성을 회복하는 문제는 손쉬운 해답이 나오지 않았다.

흥망의 기로에서 경영진이 눈을 돌린 곳이 마루젠의 '뿌리'였다. 마루젠은 창업정신에 기초하여 사업부문별로 새로운 발전계획을 치밀하게 점검한 뒤 종합경영 청사진을 마련하여 3월 발표했다. 이 계획을 한

마루젠 창업 초창기의 본사 그림. 간판에 'maruya&co.'라고 적혀 있어 주식회사였음을 알 수 있다.

현재의 마루젠 매장.

문장으로 압축한 경영비전이 '다시 한 번 마루젠이 되겠다' 다.

　노무라 야스히로(野村育弘) 경영기획실장은 "마루젠은 창업 초창기부터 학술용 서양서적 수입 보급을 중점적으로 해 왔고 대학을 거점으로 사무실을 확장해 왔다."면서 "최대 강점이라고 할 수 있는 대학과의 탄탄한 유대관계를 최대한 활용하여 사업을 전개해 나갈 것"이라고 말했다.

　그는 "특히 마루젠의 노하우를 활용하여 대학 도서관을 위탁 경영하거나 대학 운영 전반에 대한 컨설팅을 해주는 사업들은 중기 사업계획을 내놓기 전부터 실적이 나오고 있었다."면서 이런 분야의 사업을 강화할 계획이라고 덧붙였다.

▶ 마루젠의 경영 제언

1. 회사 경영에 문화적 제도를 도입하라.
2. 가장 탄탄한 사업분야를 활용하여 수익을 창출하라.

마루젠의 만년필 매장. 만년필은 마루젠에서 일본 최초로 수입 판매를 했다.

쇼치쿠

–가부키 세계화의 주역

✚ ㈜쇼치쿠 개요

• 창업연도 | 1895년
• 연간 매출액 | 613억 엔
• 그룹 총 매출액 | 955억 엔
• 부문별 매출 | 영상(영화, TV, 비디오) 286억 엔
          연극(가부키 등) 222억 엔
          부동산 65억 엔
          기타 40억 엔
• 종업원 수 | 617명
• 본사 소재지 | 도쿄(東京) 도 주오(中央) 구
• 홈페이지 | www.shochiku.co.jp

1960년 뉴욕, 가부키 붐의 주역…일본으로 역수입

《유엔교육과학문화기구(UNESCO·유네스코) 세계문화유산으로 지정된 일본의 무형문화재
는 3가지가 있다. 가무(歌舞)극인 노가쿠(能樂)와 가부키(歌舞伎), 인형극인 닌교조루리분라
쿠(人形淨瑠璃文樂)다. 이중 노가쿠와 가부키는 형식과 내용 모두 비슷한 점이 적지 않다.
하지만 공연 비즈니스로서 두 전통극의 위상은 현격한 차이를 보이고 있다. 노가쿠는 정부
의 지원 등으로 간신히 명맥을 유지하고 있지만 가부키는 광범위한 계층에서 열성 팬을 확
보하여 흥행 비즈니스로서 전성기를 구가하고 있다. 가부키 배우 중에는 영화배우 이상으
로 국민적인 인기를 누리는 스타도 적지 않다.》

206

가부키 붐은 100퍼센트 쇼치쿠 작품

2008년 4월 25일 오후 4시 반 도쿄(東京) 긴자(銀座)에 있는 가부키 공연 전용극장 가부키자. 평일인데다가 퇴근시간까지는 아직 한 시간 반 이상 남아 있는데도 1천866석에 이르는 객석은 만원이었다. 관객 중에는 영어 해설을 듣기 위해 이어폰을 낀 서양인들도 적지 않았다. 이날뿐만 아니라 4월 공연은 하루도 빼놓지 않고 전회 공연 티켓이 매진되었다는 것이 극장 측의 설명이었다.

1년간 가부키자에서 가부키를 관람하는 팬은 약 100만 명. 교토(京都)의 미나미자와 오사카(大阪)의 쇼치쿠자 등 다른 전용극장을 포함하면 일본의 가부키 팬은 연인원 기준으로 300만 명이 넘을 것으로 추산되고 있다.

고어(古語)투성이 대사 때문에 일본인조차 해설이 없으면 알아듣기 어렵다는 가부키가 400년이 넘도록 대중 공연예술로서 생명력을 잃지 않는 비결은 무엇일까. 전통문화에 대한 일본인의 애정이 남다르거나 일본 정부의 문화정책이 특별해서가 아니다. 쇼치쿠(松竹)라는 기업이 있었기 때문이다.

쇼치쿠는 가부키자, 미나미자, 쇼치쿠자 등 일본의 대형 가부키 공연 전용극장을 모두 소유하고 제작시장도 거의 독점하고 있다.

해외서 역(逆)수입된 가부키 인기

쇼치쿠의 역사는 1895년 오타니 다케지로(大谷竹次郎) 창업주가 교토의 한 가부키 공연 전용극장을 인수하면서 시작되었다. 극장 신축과 인수 등을 통해 가부키 공연 사업을 급속히 확장시킨 오타니 창업주는 1920년에는 영화사업에도 발을 내디뎠다.

제2차 세계대전과 패전, 영화산업의 부상 등으로 가부키산업은 1940,

50년대 극심한 침체기에 접어들었다. 하지만 쇼치쿠는 1960년 미국 뉴욕에서 공연을 하는 등 가부키 인기를 부활시키기 위한 노력을 포기하지 않았다.

뉴욕 공연은 대성공이었고 뜻밖의 부수효과까지 가져다주었다. 일본 기업과 거래를 하는 미국의 비즈니스맨들은 일본 기업가를 만났을 때 가부키를 단골 화제에 올렸다. 오카자키 데쓰야(岡崎哲也) 쇼치쿠 연극제작부 부장은 "당시 가부키를 모르면 뉴욕에서 비즈니스 런치(business lunch)가 안 된다는 말이 있었을 정도"라고 말했다.

그는 "미국 측 사업 상대의 가부키 관련 질문에 쩔쩔맨 일본 기업인들이 귀국 후 너도나도 가부키극장을 찾으면서 일본 국내에서도 가부키에 대한 관심이 살아나기 시작했다."고 덧붙였다.

"가부키는 유산이 아니다"

쇼치쿠는 뉴욕 공연 성공으로 생겨난 기회를 가만히 앉아서 흘려보내지 않았다. 영어로 시작한 이어폰 해설을 일본어로 확대하여 가부키를 난해하게 여기던 대중을 극장으로 불러들였다. 또, 사코모토 준이치(迫本淳一)사장이 "가부키는 유산이 아니라 현대극"이라고 단언할 만큼 가부키 현대화를 위한 노력에 박차를 가했다.

영화에 익숙한 젊은 세대를 위해 가부키 공연을 고성능 카메라로 촬영하여 극장에서 상영하기도 하고 윌리엄 셰익스피어의 연극을 가부키로 만들어 공연하기도 했다.

'현대화'와 더불어 쇼치쿠가 가부키 붐의 핵심 비결로 꼽는 것이 철저한 배우 관리. 영화든 가부키든 대중을 열광시키려면 '스타'가 있어야 한다는 것이 쇼치쿠의 흥행 철학이다.

쇼치쿠가 소유한 일본의 가부키자. 대형 가부키 공연 전용극장이다.

가부키의 현대화에 힘쓴 사코모토 준이치(迫本淳一) 사장.

쇼치쿠 110주년 기념영화제 포스터.

오카자키 부장은 "가부키의 주요 배역은 25개 가문이 대대로 물려 내려간다."면서 "후계자가 태어나는 순간부터 크고 작은 경조사를 모두 챙기면서 10년 뒤, 20년 뒤의 흥행까지 치밀하게 기획한다."고 설명했다.

쇼치쿠는 일본의 영화산업 발전에도 기념비적인 업적을 많이 남겼다. 경영면에서는 가부키가 어려울 때 영화가, 영화가 힘들 때는 가부키가 회사의 수익을 떠받치는 상생(相生)구조를 만들어 왔다.

▶ 쇼치쿠의 경영 제언

1. 국내 시장이 전부가 아니다. 세계로 눈을 돌려라.
2. 거듭 '현재화' 하라.

이온
- 유통업계의 거인

✚ **(주)이온 개요**

• 창업 연도 ┃ 1758년
• 업   종 ┃ 종합유통업(GMS, 슈퍼마켓, 편의점, 백화점 등)
• 연매출 ┃ 5조 1천673억 엔(자회사 포함)
• 종 업 원 ┃ 24만여 명
• 계 열 사 ┃ 168개
• 본사 소재지 ┃ 지바 현 지바 시 미하마 구 나카세
• 홈페이지 ┃ www.aeon.info

개미들이 모여 공룡이 되다

《일본 도쿄(東京) 부도심에서 사이타마(埼玉) 고속철도선을 타고 한 시간 정도 떨어진 우라와미소노(浦和美園) 역에 내리면 거대한 시설물 2개가 눈길을 붙잡는다. 아시아 최대 규모를 자랑하는 축구 전용구장인 사이타마 스타디움과 이온그룹이 운영하는 우라와미소노 쇼핑센터. 건축 면적만 따지면 사이타마 스타디움의 1.6배인 쇼핑센터 안에는 이온그룹의 종합슈퍼마켓(GMS·슈퍼마켓이 식료품을 주로 파는 데 비해 종합슈퍼마켓은 의류 가구 전자제품 등도 함께 판매)인 자스코와 200개가 넘는 전문점, 식당가, 극장 등이 자리 잡고 있다.》

212

하루 1천만 명이 이용

고다마 다케시(小玉毅) ㈜이온 코퍼레이트 커뮤니케이션 부장은 "일본에 있는 몰(mall)형 대형 쇼핑센터 100여 개 중 80퍼센트 이상을 이온그룹이 운영하고 있다."며 "이곳에서 자동차로 30분 정도 떨어진 곳에 여기보다 2배가량 큰 쇼핑센터를 짓고 있다."고 설명했다.

일본의 몰형 쇼핑센터 대부분을 이온그룹이 독식하고 있다고는 하지만 전체 사업에서 차지하는 비중은 극히 일부다. 이온그룹은 2008년 2월 현재 일본 전역과 중국 등 아시아 일부 지역에 걸쳐 GMS 606개, 슈퍼마켓 1천182개, 편의점(미니스톱) 3천82개, 전문점 4천504개 등 점포 1만 1천274개를 거느리고 있다.

평일에는 400여만 명, 주말과 휴일에는 1천여만 명이 이온그룹의 점포를 이용한다. 자회사를 포함한 ㈜이온의 연간 매출액은 50조 원을 훌쩍 넘는다.

지금은 세븐앤드아이홀딩스그룹과 함께 일본의 유통업계를 양분하고 있는 이온그룹이지만 250년에 이르는 역사 중 약 210년간은 지방의 작은 소매상이었다.

이온그룹이 본거지인 미에(三重) 현 밖에 처음으로 분점을 낸 것이 1965년의 일이다. 미에 현에서도 잘 알려지지 않은 소매상 '오카다야'를 수십 년 만에 일본을 대표하는 종합유통업체로 발전시킨 이는 오카다 다쿠야(岡田卓也) 명예회장이다.

피합병회사에 최대한 자율권

1946년 오카다야 사장에 취임한 오카다 명예회장은 1959년 선진국 유통시장을 돌아보기 위해 1개월 동안 미국 여행길에 올랐다. 점포 수가

8천 개에 육박하는 미국의 최대 슈퍼마켓 체인 A&P 등을 직접 눈으로 본 그는 유통업을 근대화하기 위해서는 대형화가 필요하다는 사실을 절감했다. 하지만 당시 오카다야의 점포는 고작 2개뿐이었다. 기존 점포에서 버는 돈을 모아 전국적인 유통체인으로 성장시키는 것은 불가능에 가까웠다. 동업자를 규합하여 합병을 하는 것 외에는 달리 방법이 없었다.

오카다 명예회장은 1968년 각각 효고(兵庫) 현과 오사카(大阪) 부에 본거지를 둔 '후타기' 및 '시로'와의 합병을 통해 이온의 전신인 자스코를 설립했다. 이후 오카다 명예회장은 이른바 '연방제 경영'으로 점포 수를 급속히 늘려나갔다. 연방제 경영이란 지방의 소매업체들을 합병한 다음 자스코가 100퍼센트 출자한 지방법인을 만들고, 다시 피합병회사의 경영자를 사장에 앉혀 경영을 맡기는 방식. 효율화를 위해 필요한 기능은 본사가 권한을 가져가되 일상적인 경영은 지역 사정에 밝은 피합병회사 경영자들에게 최대한의 자율권을 행사하도록 했다.

연방제 경영은 자스코가 편의점 등 새 업종 개발전략을 대대적으로 채택한 1980년대 초반까지 계속되었다.

"값 올려 돈 벌지 마라"

적극적인 합병과 함께 이온그룹의 성장을 떠받쳐 온 또 하나의 핵심 전략은 박리다매. 2007년 하반기부터 일본에서는 원유와 곡물 등 원자재 값 폭등으로 특정 생활필수품의 가격이 20년, 30년 만에 인상되었다는 뉴스가 연일 신문 지면을 장식하고 있다.

그러나 이온그룹은 2007년 8월 직영점 380곳에서 소비자들이 많이 사는 100가지 품목의 가격을 한동안 동결하겠다고 선언했다. 이어 11월 말에는 이온그룹이 개발한 자체브랜드 '톱밸류' 5천 개 품목 중 가계부

거대한 규모를 자랑하는 우라와미소노 쇼핑센터.

우라와미소노 쇼핑센터의 내부.

이온그룹은 박리다매를 원칙으로 자체개발 브랜드의 가격을 내리는 등 공격적인 마케팅을 선보이고 있다.

에 영향이 큰 식빵, 간장, 케첩, 생수, 세제 등 24개 품목의 가격을 인하하겠다고 발표했다.

전 세계적인 가격 인상 도미노 속에서 이온그룹이 꿋꿋이 가격 파괴 전략을 이어나가는 비결은 물류시스템에 있다는 것이 고다마 부장의 설명이다.

"흔히 제조업체들이 유통업체에 물건을 납품할 때는 일단 만들어 자체 창고에 보관한 뒤 유통업체가 원하는 장소까지 운송을 해야 한다. 하지만 톱밸류의 경우 이온그룹에 소속된 트럭이 제조업체 공장까지 가서 직접 실어오기 때문에 중간마진을 없앨 수 있다."

고다마 부장은 "박리다매는 이온그룹이 창업 이후 지금까지 일관되게 고수하는 원칙"이라면서 "오카다 가문에는 '올려서 벌지 마라, 내려서 벌라' 는 가훈이 있다."고 말했다.

▶ 이온의 경영 제언

1. 기업 합병 시 경영의 효율을 고민하라.
2. 불필요한 유통 과정을 찾아내 과감히 생략하라.

이토야
-문방구 쇼핑의 즐거움

＋ 이토야 개요

- 창업 연도 ｜ 1904년
- 업   종 ｜ 문방구 판매 전문점
- 본사 소재지 ｜ 도쿄(東京) 주오(中央) 구 긴자(銀座) 2-7-15
- 종업원 수 ｜ 297명
- 지   점 ｜ 도쿄 마루노우치(丸の内)점, 가스미가세키(霞が關) 빌딩점, 시부야(澁谷)점, 다마가와(玉川)점, 이케부쿠로(池袋)점, 신주쿠(新宿)점, 파피에리움 (미나미아자부·南麻布) 요코하마 요코하마(橫濱)점, 아오바다이(靑葉台)점
- 종업원 수 ｜ 871명
- 홈페이지 ｜ www.ito-ya.co.jp

15만종 문구류 3개 건물 17개 층에 빼곡

《"도쿄(東京) 긴자(銀座)를 관통하는 중앙거리에 100년 역사를 간직한 문방구가 있다." 귀동냥으로 얼핏 들은 정보를 바탕으로 사전 취재를 위해 긴자 이토야(伊東屋) 본점을 찾을 때까지도 '100년 기업으로 다룰 수 있을까' 하는 걱정이 앞섰다. '기업이라는 요건을 충족시키려면 최소한 종업원이 수십 명은 되어야 하고 나름대로 체계화된 조직을 갖추고 있어야 하는데 문방구가 커봐야 얼마나 크겠어.' 이런 선입관은 이토야 긴자 본점을 들어서는 순간 흔적도 없이 사라졌다.》

"문구류 우리보다 다양한 곳 없을 것"

우선 벽에 큼지막하게 걸린 매장 안내간판부터 예상 밖이었다. 간판에는 본관 11개 층, 2별관 2개 층, 3별관 4개 층에서 어떤 상품들을 팔고 있는지를 알리는 내용이 빼곡히 적혀 있었다. 간판 앞 안내데스크에서는 제복을 차려입은 전담 직원들이 고객들의 질문에 답하고 있었다. 또, 매장 안쪽 엘리베이터 앞에도 2명의 직원이 배치되어 탑승 안내를 하고 있었다. 2천700제곱미터에 이르는 이토야 본점 매장에는 약 15만 5천 종의 상품이 진열되어 있다는 게 홍보담당자인 이치하라 요시코(市原 美子) 씨의 설명이다. 본관의 로열층에 해당하는 중2층(1층과 2층 중간에 만든 층)에는 만년필 매장이 자리 잡고 있었다.

보호시 미쓰히로(棒星充廣) 중2층 매장 매니저는 "몽블랑, 오마스, 펠리컨 등 세계 30여 개 유명 브랜드의 제품을 대부분 갖추고 있다."면서 "일본의 만년필 매장 가운데 우리보다 선택의 폭이 넓은 곳은 없을 것"이라고 자신했다.

이토야의 상품이 얼마나 다양한지를 보여주는 또 다른 예가 마루노우치(丸の内)점에 있는 '칵테일 잉크' 매장이다. 이곳에서는 독일 기계업체에 특별 주문해 제작한 잉크혼합기를 설치해 놓고 고객이 원하는 색깔의 잉크(총 48색)를 즉석에서 만들어 준다.

전문가 뺨치는 판매의 달인(達人)

도쿄에 있는 모 기업체의 신입사원 A 씨는 인터넷 게시판에 이런 글을 올렸다.

"주말에 이토야에 가서 판매원들의 전문지식과 서비스 태도에 감탄했다. 누구에게 질문을 해도 어디에 무엇이 있는지 금방 답이 나왔다. 모

파란색 안내데스크 위로 각 층별 판매 상품을 표시한 안내간판이 붙어 있다.

만년필 매장의 보호시 매니저. 이토야의 매니저들은 전문지식과 서비스정신을 모두 갖추고 있다고 평가받는다.

두 문방구를 사랑한다는 느낌이 전해왔다."

어떻게 하면 이런 평가가 나올까. 보호시 매니저의 예를 보자. 그는 12년에 이르는 근무 기간의 대부분을 만년필 매장에서 보냈다. 만년필에 관한 한 모르는 게 거의 없을 전문가지만 틈만 나면 만년필 제조공장이나 수리업소를 찾아다닌다. 만년필에 관한 책은 1920, 30년대 것까지 찾아 공부한다.

보호시 매니저는 "가끔 수십 년 전에 만든 만년필을 들고 와 쓸 수 없겠느냐고 상담하는 고객이 있다."며 "이런 고객의 고민까지 속 시원하게 해결해주려면 아직 공부해야 할 게 많다."고 말했다.

1904년부터 긴자와 동고동락

하지만 이토야 측이 100년을 이어 온 비결로 우수한 종업원보다 먼저 꼽는 것이 있다. 입지(立地)다. 일본 최고급 상업지인 긴자 2정목(丁目) 사거리는 불가리, 루이비통, 샤넬, 까르띠에 등 세계적인 명품 브랜드 4개사가 한 귀퉁이씩을 차지하고 있다.

이토야는 정면에서 보았을 때 불가리 매장의 바로 왼쪽이다. 오른쪽은 보석브랜드 티파니의 긴자 매장이다. 이토야에서 스무 발짝 정도 떨어진 보도 위에는 '긴자 발상지'라는 기념비가 서 있다.

이토야는 긴자가 하이칼라(서양식 유행을 따르는 일) 거리로 주목받기 시작한 1904년에 창업한 이후 지금까지 104년 동안 줄곧 긴자와 함께 동고동락해 왔다. 천재지변으로 긴자가 쑥대밭이 되었을 때는 이토야도 잿더미로 변했고 고도성장기에 긴자가 화려한 네온사인으로 뒤덮였을 때는 이토야도 전성기를 구가했다.

이치하라 씨는 "이토 쇼타로(伊藤勝太郎) 창업주가 긴자에 터를 잡고 계승

잉크혼합기. 한 직원이 고객이 주문한 색으로 혼합잉크를 만들고 있다.

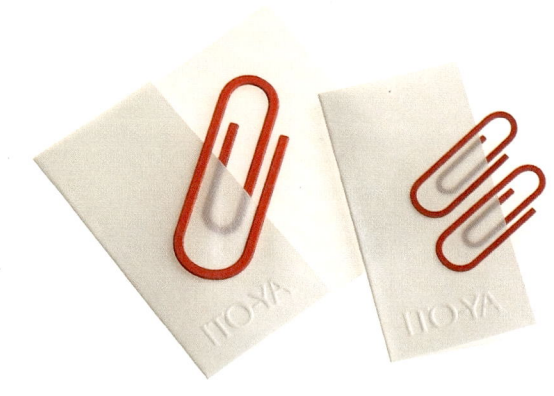

이토야의 상징인 빨간 클립.

자들이 '일업전념(一業專念)'을 모토로 문방구 사업만 해 왔기 때문에 이토
야의 100년이 있는 것"이라고 말했다.

▶ **이토야의 경영 제언**

1. 제품과 서비스는 하나다.
2. 고객과 만나는 판매사원을 교육하라.

호시노리조트
-경영재건의 마술사

"불만 제로…서비스도 리콜합니다"

《세계적인 투자은행인 골드만삭스는 2005년 4월 일본의 온천 료칸(旅館·일본의 전통 고급 숙박시설) 재생사업에 뛰어들겠다고 선언했다. 부실한 료칸을 인수한 뒤 시설과 경영을 일신하여 수익성 높은 고급 숙박시설로 탈바꿈시킨다는 계획이었다. 가뜩이나 불황인 료칸 사업에 경험도 없는 골드만삭스가 '겁 없이' 뛰어든 것은 믿는 구석이 있었기 때문이다. 골드만삭스가 료칸을 사들이면 운영을 전담해줄 실력 있는 파트너가 따로 있었던 것. 골드만삭스가 '적자 료칸을 흑자 료칸으로 탈바꿈시키는 미다스의 손'이라고 확신한 호시노리조트는 어떤 기업일까.》

224

시계와 TV가 없는 료칸

온천 료칸과 스키리조트 등 5곳을 소유한 호시노리조트의 발상지이자 본거지는 일본 부유층의 별장지로 유명한 나가노(長野) 현 가루이자와(輕井澤) 정이다. 이곳에는 100년 역사를 자랑하는 온천 료칸 '호시노야 가루이자와'와 결혼식 전문 리조트 '호텔 블레스턴 코트'가 자리 잡고 있다.

호시노야 가루이자와는 독립가옥처럼 분리된 숙박 동들이 시냇물을 감싸 안고 있는 듯한 구조로 이루어져 있다. 리조트 내부의 방들은 일본의 보통 가옥에 비해 천정이 2배 이상 높아 보였다. 도시의 좁은 공간에서 스트레스가 쌓인 고객들에게 툭 트인 해방감을 주기 위한 세심한 배려가 건물의 설계에서부터 엿보였다. 고객들의 느긋한 휴식을 방해하는 시계와 텔레비전이 눈에 띄지 않는 점도 이채를 띠었다.

어디를 둘러보아도 호시노야 가루이자와가 일본의 전통 냄새가 물씬 나는 료칸이라는 느낌은 발견하기 어려웠다. 오히려 서구적인 분위기가 물씬 풍겨나는 현대식 고급리조트라는 것이 전체적인 인상이었다. 이는 2005년 7월 시설을 전면 리뉴얼했기 때문이라는 게 요시카와 류지(吉川龍司) 호시노야 가루이자와 총지배인의 설명이었다.

현재 호시노야 가루이자와의 객실가동률은 75퍼센트를 웃돌고 있다. 일본 료칸의 평균적인 가동률인 45~55퍼센트에 비해 높은 수준이다. 지금까지 이곳을 다녀간 고객 중에는 이름만 대도 금방 알 수 있는 세계적인 유명인사들이 적지 않다. 예컨대 나카소네 야스히로(中曾根康弘) 전 총리는 미수연(88세 생일잔치)을 이곳에서 했다. 오픈 직후에는 홍콩 최대의 갑부인 리카싱 회장이 다녀갔다.

호시노야 가루이자와의 각종 수익지표는 일본의 어떤 일류 호텔과 비교해도 손색이 없다. 호텔업계에서는 운영실적을 나타내는 지표로 객실

가동률과 매출액 등을 종합적으로 감안한 RevPER라는 지표를 사용한다. 2007년 호시노야 가루이자와의 RevPER는 도쿄 등 대도시에 있는 초일류호텔을 모두 포함하여 전국 5위를 기록했다. 운영이익률은 연간 40퍼센트를 웃돌고 있다. 흔히 운영이익률은 25퍼센트만 웃돌아도 우수하다는 평가를 받는다.

항의전화 받자 고객 집까지 찾아가 사과

호시노야 가루이자와의 경영실적이 이처럼 뛰어난 원인은 종업원들이 비전과 수치목표를 공유하고 있기 때문이라고 한다.

1991년 경영을 맡은 호시노 요시하루(星野佳路) 사장은 1994년 '리조트 운영의 달인' 비전을 책정했다. 리조트의 소유나 개발이 아닌 운영에서 일본 최고의 기업이 되겠다는 내용이다. 호시노 사장은 호시노야 가루이자와뿐만 아니라 호시노리조트의 산하 모든 리조트에 적용되는 수치목표 3개를 책정했다. 이중 가장 중요한 것이 고객만족도 2.5를 달성하는 것. 고객만족도는 '매우 만족'을 3, '매우 불만족'을 -3으로 7단계 평가로 구성되어 있다. 전체 고객의 50퍼센트가 '매우 만족', 또 다른 50퍼센트가 '만족'이라는 평가를 하지 않으면 2.5라는 목표를 달성하기 어렵다.

고객만족도를 달성하기 위해 종업원들이 어떤 노력을 하는지 보여주는 구체적인 예가 '촌민(村民)식당'에서 있었던 에피소드다. 촌민식당은 호시노야 가루이자와 앞에 자리 잡은 작은 카페로 호시노리조트 측이 운영하고 있다. 2006년 3월 가끔씩 촌민식당에 들러 소주 2잔을 반주로 메밀국수를 먹고 가는 노부부로부터 전화가 한통 걸려왔다.

"평소에는 소주가 먼저 나오고 다 마실 무렵 메밀국수가 나왔다. 그런

226

호시노야 가루이자와의 리조트 객실 야경.

데 전날은 2가지가 동시에 나오는 바람에 메밀국수에 손이 갈 무렵에는 면발이 딱딱하게 굳어 있었다."

항의전화를 받은 현장책임자는 다음 날 조리담당자를 데리고 노부부의 집에 직접 찾아가 사과했다. 그런 다음 조리담당자는 즉석에서 메밀국수를 요리하여 노부부에게 대접했다.

요시카와 류지 호시노야 가루이자와 총지배인은 "지금도 이와 비슷한 일이 자주 있다."면서 "불만이 있는 고객에게는 서비스를 다시 하는 것이 우리 회사의 원칙"이라고 말했다.

"호시노 사전에 적자는 없다"

호시노리조트는 고객서비스뿐만 아니라 부실 리조트의 경영을 재생하는 데서도 전국적인 명성을 얻고 있다.

호시노리조트는 2001년 야마나시(山梨) 현 호쿠토(北杜) 시에 있는 '리조나레'를 인수했다. 리조나레는 건설비만 250억 엔이 투입된 호화 리조트였지만 손님이 없어 파리를 날리고 있었다. 온천이 없다는 치명적인 약점 때문이었다. 하지만 호시노 요시하루 사장은 이를 인수한 지 3년 만에 흑자 리조트로 탈바꿈시켰다.

비결은 철저한 고객수요 조사와 만족도 조사에 있었다. 호시노 사장은 고객수요 조사를 통해 일본에도 온천에 연연해하지 않는 고객층이 있다는 사실을 알아냈다. 12세 미만 어린이와 그 부모가 그들이었다.

일단 목표고객이 정해지자 호시노 사장은 경영자원을 이들에게 집중적으로 쏟아 부었다. 고객만족도 조사는 종업원들의 나태한 서비스 의식을 바꿔놓은 결정적인 자극제였다. 당시 호시노 사장에게서 특명을 받고 리조나레 총지배인으로 부임한 요시카와 총지배인(4년 근무 뒤 호시노야

호시노야 가루이자와에는 고객이 원하는 시간이면 언제든지 식사할 수 있도록 배려하여 리조트 안에
레스토랑을 따로 만들었다.

호시노야 가루이자와의 실내온천스파. 마음을 가라앉히는 '명상 입욕'을 즐길 수 있다.

^{가루이자와로 복귀)}은 이렇게 회고한다.

"부임해보니 서비스가 엉망이었다. 그런데도 대부분의 사원이 '우리 리조트는 고객만족도가 높다'고 천연덕스럽게 이야기했다. 구체적인 고객만족도 수치를 내민 뒤에야 사원들이 문제를 자각하기 시작했다."

호시노리조트는 900억 엔의 부채를 안고 도산한 스키리조트 아르쓰 반다이를 2003년 인수하여 역시 3년 만에 흑자로 전환시켰다.

호시노 요시하루 호시노리조트 사장은 "아르쓰반다이를 재생시킨 요령도 리조나레를 재생시킨 요령과 다르지 않다."면서 "아르쓰반다이는 일본의 다른 스키장과 달리 스노우보드 이용객들의 만족도를 높이기 위한 서비스를 집중적으로 했다."고 설명했다.

그는 "제한된 경영자원을 효율적으로 사용하기 위해서는 항상 선택과 집중이 중요하다."면서 "선택과 집중이란 타깃뿐만 아니라 비(非)타깃을 함께 고르는 일"이라고 강조했다.

▶ **호시노리조트의 경영 제언**

1. 타깃과 비타깃을 확실히 하라.
2. 새로운 제도를 두려워마라.
3. 세심한 배려에 고객은 감동한다. 사소한 서비스도 소홀히 하지 마라.

호시노 리조트가 2001년에 인수해 3년 안에 흑자로 탈바꿈시킨 리조나레.

호시노 요시하루 사장 인터뷰

호시노 요시하루(星野佳路) 사장

4대째 가업을 이어온 호시노 요시하루(星野佳路·48) 사장과 인터뷰를 하기 위해 도쿄(東京)역 근처의 도쿄사무소를 찾아 가는 동안 '혹시 회사를 잘못 찾아온 것 아닐까' 하는 불안감이 몇 번이나 뇌리를 스쳤다. 택시에서 내려 10분 이상 헤맨 끝에 가까스로 찾아낸 도쿄사무소는 예상 밖으로 낡고 허름한 건물에 세 들어 있었다.

사무실 내부는 넓이로 보나 집기로 보나 대학 동아리 방을 연상시켰다.

근처 커피숍에서 홍보담당자에게 30분 정도 기본 브리핑을 들은 뒤 사무실로 돌아오니 호시노 사장이 회의실에서 기다리고 있었다. 국토교통성에서 열린 회의에 참석하고 막 돌아왔다는 그는 평상복 차림에 등산화를 신고 있었다.

"리조트 사장이 정장을 입고 다니면 모처럼 쉬러 온 손님들의 흥이 깨지기 때문"에 항상 이런 차림이라는 설명이었다. 종업원 1천600여 명(위탁시설 포함)을 지휘하는 사장이지만 그에게는 개인 사무실도 없다. 배낭에 애플의 신형 노트북 '맥북에어' 한 대만 달랑 넣고 전국을 떠돈다. 사장이 불안한 '떠돌이 생활'을 해도 15개 료칸과 리조트가 돌아가는 데는 아무 문제가 없다.

호시노리조트는 '유닛 디렉터(Unit Director)'라는 중간관리직이 폭넓은 의사결정권을 행사하는 분산형 시스템이기 때문이다. 사장이 유닛 디렉터의 결정에 함부로 끼어들지 않는 것은 물론이고 인사에도 간여하지 않는다. 호시노리조트에서는 유닛 디렉터가 되고 싶은 사원이라면 누구나 입후보할 수 있다. 누구를 유닛 디렉터로 할지는 현장에서 프레젠테이션을 들은 사원들이 평가해 결정한다. 이런 제도 덕에 입사 3년 만에 유닛 디렉터로 승진한 이도 있다.

호시노 사장이 경영을 맡은 것은 1991년, 일본 경제의 거품이 붕괴되면서 리조트산업의 극심한 불황이 막 시작된 무렵이다. 호시노야 가루이자와의 전신인 호시노온천료칸도 사활의 기로에 서 있었음은 물론이다.

– 당시 취임 초기 경영자로서 가장 힘들었던 점은 무엇인가.

"인재를 구하는 것이 가장 힘들었다. 구인신청을 하기 위해 공공직업소개소를 찾아갔더니 벽에 '호시노온천료칸에는 절대 가지 마라'는 낙서를 해놔서 깜짝 놀랐다."

– 왜 그런 악명이 생겨났다고 생각하나.

"온천료칸은 원래 바쁜데다가 보수도 많지 않아서 취업을 희망하는 사람이 거의 없었다. 단지 호시노온천료칸만의 문제는 아니었다. 지금은 우수한 인재들이 호시노리조트에 많이 입사한다."

– 인재가 찾는 직장으로 만든 비결은 무엇인가.

"종업원들이 즐길 수 있는 회사를 만들었다. 당시 일할 사람을 구하는 것도 힘들었지만 일이 재미없으면 모처럼 구한 인력이 금방 그만뒀다. 종업원들이 즐겁게 일할 수 있도록 하기 위해 최대한 자율성을 부여했다. 가급적 규칙이나 매뉴얼을 최대한 없애고 종업원들이 스스로 판단해서 일하도록 했다."

- 다른 일본 기업들은 매뉴얼을 지나칠 정도로 중시하는데, 매뉴얼을 없애도 부작용은 없었는가.

"원래 매뉴얼을 중시하는 것은 미국 기업들이다. 미국은 인종, 민족, 가치관, 종교 등이 다른 사람들이 복잡하게 뒤섞여 살기에 표준적인 매뉴얼이 필요하다. 하지만 일본을 포함한 아시아 국가들의 경우 종업원들의 가치관이 크게 다르지 않다. 일본의 사례를 보면 매뉴얼은 일을 재미없게 만드는 부작용이 많다."

- 리조트업계 전체가 불황에 휩싸인 1990년대에 호시노리조트는 고속성장을 거듭했다. 불황기에 잘나갈 수 있었던 비결은 무엇인가.

"생각하기에 따라 불황은 위기가 아니라 기회다. 첫째 금리가 싸서 투자자금을 마련하기가 쉬웠다. 둘째, 건설비용이 낮아서 시설을 많이 지을 수 있었다. 셋째, 경쟁자가 없어서 좋았다. 넷째, 우수한 인재를 쉽게 구할 수 있었다. 이 덕분에 1990년대 후반에는 단 한 해도 빠짐없이 매출액과 수익이 늘고 고객만족도도 상승곡선을 그렸다."

- 2000년에는 고객만족도가 처음으로 떨어지는 이변이 있었다고 들었다.

"실적이 좋은 현상이 계속되면 습관이 생겨난다. 고객은 항상 새로운

호시노리조트는 사원들이 직접 뽑은 유닛 디렉터들에게 많은 권한을 준다.

변화를 요구하는데 기업은 과거의 성공체험 속에 안주하려는 경향이 있다. 인간은 자신이 만들어놓은 것을 잘 부수려 하지 않는다. 이를 타파하기 위해 도입한 것이 유닛 디렉터 제도다."

– 유닛 디렉터를 사장이 아닌 종업원들이 뽑게 하면 충성심 면에서 문제가 생길 소지가 있지 않은가.

"우리 회사에 들어와준 것만으로도 고맙게 생각한다. 내가 충성심까지 요구한다면 지나친 사치다. 자신들이 뽑은 지도자이기에 종업원들이 잘 따른다. 인사에 개입을 하지 않다보니 요즘은 얼굴을 모르는 유닛 디렉터가 있어 고민이다.(웃음)"

– 경영정보를 매달 사내에 공개한다는데 어떤 취지인가.

"종업원들이 자율적인 경영을 하기 위해서는 무엇보다 정확한 정보가 있어야 한다. 자율적인 판단과 경영정보 공개는 한 세트다. 따로 떨어져서는 성립하기 어렵다."

– 부실 리조트를 인수하여 잇달아 흑자로 전환시킨 비결은 무엇인가.

"타깃(target)을 압축하는 것이다. 고객만족도를 높이는 데는 비용이 든다. 생산성을 높이기 위해서는 타깃 고객을 최대한 압축할 필요가 있다. 이를 위해서는 우선 고객만족도를 수치화할 필요가 있다. 객관적인 지표가 없으면 귀에 들리는 만족도에만 신경을 쓰게 되어 정작 필요한 서비스 개선에는 소홀해지게 된다."

– 골드만삭스와의 인연은 어떻게 시작되었나.

"매년 20~30회 정도 강연회를 하는데 2003년 한 강연회에 골드만삭스 담당자가 찾아와서 제안을 했다.”

– 총지배인이나 유닛 디렉터에게 최대한의 자율권을 주고 있는데 그럼 사장이 하는 일은 무엇인가.

"호시노리조트다운 기업문화를 만드는 것이 내 일이다. 어떤 기업이든 그 안에는 해결해야 할 과제가 많이 쌓여 있게 마련이다. 이 과제를 해결할 수 있는 프로세스로서의 기업문화를 만드는 것이 최고경영자의 임무다."

호시료칸
−1천300년 역사의 세계 최고(最古) 호텔

✚ 호시료칸 개요

- 창업 연도 | 718년(나라시대)
- 설 립 자 | 다이초 대사, 가료 법사
- 업 종 | 온천 숙박업
- 소 재 지 | 이시카와 현 고마쓰 시 아와즈 온천
- 홈페이지 | www.ho-shi.co.jp
- 경 영 자 | 호시 젠고로(46대 사장)
- 종 업 원 | 약 70명
- 객 실 | 82실
- 수용 인원 | 450명
- 연간 투숙객 | 3만5000~4만 명
- 특기 사항 | 세계에서 가장 오래된 호텔(기네스북 기록)
- 서비스 모토 | 一期一會(이 만남이 인생에 단 한 번뿐인 만남이라는 생각으로 최선을 다해 모신다는 뜻)

1천300년 이어온 '一期一會' 한마음

《신라가 누각이라는 물시계를 처음 만들고 중국에서 양귀비가 태어난 718년, 일본 3대 영산인 하쿠 산(白山) 기슭에는 료칸(旅館 · 일본식 여관)이 한 채 들어섰다. 건립자 다이초(泰澄) 대사는 하쿠 산 깊은 곳에서 불도를 닦다가 꿈속에서 부처님을 만났다고 전해진다. "산기슭에서 5, 6리 떨어진 곳에 아와즈(粟津)라는 마을이 있다. 그곳에 영험이 깃든 온천이 있으니 마을 사람들과 함께 파서 중생을 건강하게 하라." 부처님 계시에 따라 온천을 판 다이초 대사는 그 위에 료칸을 지어 제자 가료(雅亮) 법사에게 그곳을 오래오래 지키도록 명했다. 이 이야기는 전설이나 설화가 아니라 기네스북에 세계에서 가장 오래된 호텔로 기록된 호시(法師)료칸의 어엿한 창업기다.》

호시료칸의 전경. 일본 전통 목조 양식 건축물로 에도시대에 재건축된 모습 그대로다.

다실을 안내하는 호시 젠고로(法師善五郎) 사장. 당시에는 낭비였을지 모르나 지금은 가장 인기 있는 공간이다.

인생에 한 번뿐인 만남

이시카와(石川) 현 고마쓰(小松) 시 중심가에서 10킬로미터가량 떨어진 아와즈 온천. 마을 여기저기에 자리 잡은 10여 개의 료칸은 대부분 특징 없는 현대식 철근콘크리트 건물이었다. 오직 호시료칸 정면 건물만이 일본의 전통 목조 양식을 간직하고 있었다. 천장 들보도 재건축이 이루어진 에도시대(1603~1867) 초기 양식 그대로다. 불교색이 가득한 로비에 들어서자 작은 연못과 언덕, 고목이 어우러진 정원 풍경을 한눈에 볼 수 있는 다실(茶室)이 유독 눈길을 끌었다.

46대째 가업(家業)을 잇고 있는 호시 젠고로(法師善五郎) 사장은 "가장 인기 있는 방을 뜯어서 만든 공간"이라면서 "투숙객이 오면 가장 먼저 이곳으로 안내한다."고 설명했다.

일본 전통 다도(茶道)에 따라 차를 대접하면서 서비스 모토이기도 한 일기일회(一期一會)의 자세를 가다듬는다는 것. 일기일회란 다도에서 생겨난 사자성어로 이 만남이 일생에 단 한 번뿐인 만남이라는 생각으로 정성을 다한다는 뜻이다.

1천300년이라는 세월의 무게

호시료칸의 객실은 모두 82개로 450명을 수용할 수 있다. 연 매출액도 10억 엔(약 80억 원)으로 '기업'으로도 손색없다.

건물에 빙 둘러싸인 정원은 에도시대 초기의 유명 다도가(茶道家)이자 조경가인 고보리 엔슈(小堀遠州)의 지도로 만들어진 호시료칸의 자랑거리다. 400년 된 적송, 바위는 물론 나무줄기까지 타고 올라간 짙은 이끼가 호시료칸이 헤쳐 온 풍상의 무게를 짐작하게 한다.

정원이 '400년 역사'라고 하지만 호시료칸 전체로 보면 3분의 1도 채

호시료칸의 역사를 보여주는 일본식 정원.

다다미로 된 각 객실은 항상 정갈하게 정리되어 있다.

안 된다. 1천300년 세월을 버텨낸 것은 호시라는 상호, 호시 젠고로라는 경영자의 이름(호시료칸의 경우 사장직과 함께 이름도 세습), 그리고 변함없는 온천수 정도다.

기업경영에서 1천300년이 얼마나 긴 세월인지는 호시료칸 주변 료칸의 부침이 충분히 설명해준다. 1980년대 후반 아와즈 온천에는 20개가 넘는 료칸이 있었으나 불과 지난 20년 동안 절반가량이 문을 닫았다.

'3무 경영'이 장수비결

일본에서는 기업이 망하는 3대 원인으로 흔히 무다(낭비), 무리(무리), 무라(변덕) 등 '3무'를 꼽는다. 3무 제거는 경영 합리화와 동의어로 통한다. 그러나 호시 사장은 "경영이 허락하는 한 3무를 최대한 소중히 여긴다."고 말했다.

1980년대 후반 건축기준법이 강화되면서 행정 당국이 지진과 화재에 약한 목조건물을 철근콘크리트 건물로 교체하라는 행정지도에 적극 나섰을 때의 일이다. 호시 사장은 행정지도를 수용하면서도 '쓸모가 없어진' 옛것을 하나라도 더 남기는 데 온 힘을 다했다. 또, '돈이 되는' 객실을 '돈이 안 되는' 다실로 개조하는 등 건물 곳곳에 낭비 요소를 만들어 넣었다.

당시에는 낭비로 보였지만 지금은 다른 료칸과 호시료칸을 차별화하는 핵심 자산으로 변했다. 반면 당시 합리적 투자로 보였던 현대적 시설은 온천관광 수요가 급감한 이후 큰 짐으로 남아 있다고 호시 사장은 털어놓았다.

그는 "3무를 없애는 것이 합리적 기업정신이라면 3무를 소중히 하는 것이 1천300년을 이어 내려온 가업정신"이라며 "그 타협점을 찾아내는 것이 장수 경영의 요체"라고 설명했다. 호시 사장은 "경영자가 3무를 즐길 여유가 없으면 고객에게도 즐거움을 줄 수 없다."고 말했다.

▶ **호시료칸의 경영 제언**

1. 고객의 즐거움에도 투자하라.
2. 경영자의 취향과 기업의 성향 사이의 타협점을 찾아라.

일본 리조트업계의 현황

호시노리조트와 호시료칸의 경영을 제대로 이해하자면 일본의 료칸·리조트업계가 처한 상황을 약간 알아두는 것이 좋을 것 같다.

일본경제의 버블이 한창 부풀고 있던 1987년 일본 정부는 일명 리조트법이라고 불리는 종합보양지역정비법을 통과시켰다. 국민들의 여가 활용을 위해 각종 리조트에 대한 건축 및 환경 규제를 대폭 완화하고 대기업들의 리조트업 진출을 획기적으로 풀어주는 것이 법안의 뼈대였다.

리조트법 시행을 계기로 호텔, 콘도미니엄, 스키장, 골프장 등을 짓는 열풍이 일본 열도 전역을 휩쓸었다. 심지어 대기업들뿐만 아니라 지방자치단체들까지 나서서 골프장과 스키장, 레저용 숙소를 닥치는 대로 지었다. 하지만 레저수요가 급증할 것이라는 이들의 예상은 180도 빗나갔다.

먼저 1990년대 초반부터 버블이 붕괴하면서 일본인들의 구매력이 급전직하 했다. 동시에 출산율 저하와 인구고령화 현상이 가속화하면서 절대 레저인구 자체가 줄어들었다. 이런 와중에 세계여행까지 보편화하면서 가뜩이나 줄어든 레저인구를 해외에 빼앗겨야 했다.

공급과잉과 수요 감소는 사상 유례가 드문 리조트 불경기를 낳았다. 1990년대 일본 경제가 '잃어버린 10년'으로 불리는 극심한 불황을 겪었다고는 하지만 다른 업종들은 대부분 늦어도 2005년을 기점으로 활력을 회복했다. 하지만 리조트업종만큼은 예외다.

온천료칸이 즐비한 시즈오카(静岡) 현 아타미(熱海) 시는 관광수입이 급감하면서 지자체가 재정비상사태를 선언했을 정도다. 유명 온천료칸이나 호텔, 복합리조트시설의 도산도 줄을 잇고 있다.

올 5월 9일에는 시마네(島根) 현 다마쓰쿠리(玉造) 온천의 터줏대감 격인 료칸 '호세이칸'과 '야마노이'가 각각 19억 엔과 22억 엔에 이르는 거액 부채를 감당하지 못해 자기파산을 신청했다. 이중 호세이칸은 창업한 지 300년이 넘은 시니세 중 시니세다.

Ⅲ '10년 불황' 속 100년 기업

상장 100년 기업 가운데 극심한 10년 불황 가운데서도
뛰어난 실적을 보여 온 기업들은 어디일까?
100년 기업들의 매출과 이익 등 각종 통계 수치와 함께
'잃어버린 10년'을 이겨낸 일본 100년 기업들의
혁신 경영 사례를 알아본다.

Ⅲ. '10년 불황' 속 100년 기업

메이저리그 100년 기업들

일본의 100년 기업 수가 2만 304개사에 이른다는 사실은 1장의 '시니세 왕국 일본'에서 이미 밝힌 바 있다. 이번 장에서는 기업의 지명도, 외형, 수익성 등에서 '메이저'라는 타이틀을 붙일 수 있는 도쿄주식시장 상장기업들만을 대상으로 이야기를 좁혀보자. 물론 비상장기업 가운데서도 매출액이 한화를 기준으로 14조 엔이 넘는 산토리 같은 대기업도 있지만 편의상 도쿄주식시장 상장기업만을 대상으로 삼았다.

도쿄주식시장 상장기업의 결산자료를 모아 놓은 '기업 사계보'를 필자가 직접 분석해본 결과, 2000년 시점에서 주식시장에 상장되거나 점두시장에 등록된 회사 가운데 100년 이상의 역사를 가진 기업은 은행업을 제외하고 66개로 집계되었다. 다만 기준점으로부터 이미 8년이 지났기에 현재는 100년 기업의 수가 약간 늘었을 것으로 추산된다.

상장 100년 기업의 수가 가장 많은 업종은 식품 및 의류관련 업종이었다. 구체적으로는 섬유·의복업종이 12개로 가장 많았고 이어 식품업종이 7개로 뒤를 이었다(표 1-1 참조). 이는 인간의 삶의 가장 기본적인 부분이 의(衣)와 식(食)이라는 사실과 무관치 않은 것으로 보인다. 운수 물류 관

표 1-1. 상장 100년 기업 업종별 현황

	기업명	업 종		기업명	업 종
1	요시노야(규동)		35	가와사키중공업	
2	모리나가제과		36	이시카와지마하리마중공업	중기계(3)
3	가고메(토마토가공품)		37	닛폰차량제조(철도차량)	
4	나카무라야(만두)	식품(7)	38	세이코(시계)	
5	산비시(간장)		39	시마즈제작소(정밀기계)	정밀기계(2)
6	닛폰제분				
7	셋쯔제유(유지)		40	다이헤요시멘트	
8	다케다약품공업	의약품(2)	41	시나가와백연와(내화물)	건설자재(4)
9	다이닛폰제약		42	니치아스(seal재)	
10	가오	생활용품(2)	43	단토(타일)	
11	시세이도(화장품)		44	닛폰페인트	도료(1)
12	고쿠요	사무용품(1)	45	신니혼석유(석유)	
13	도시바		46	도쿄가스(도시가스)	에너지(3)
14	NEC	전자전기(3)	47	오사카가스(도시가스)	
15	후루카와전기공업(전선)		48	미쯔코시(백화점)	유통(4)
16	도요보(방적)		49	이세탄(백화점)	
17	가네보(방적)★		50	이온(종합슈퍼)	
18	유니치카(방적)		51	마루젠(서점)	
19	구라보(방적)		52	가네마쓰	종합상사(2)
20	시키보(방적)		53	니치멘(소우지쯔)★	
21	후지보(방적)	섬유 의복(12)	54	도부철도	
22	닛폰모직(방직)		55	한신전기철도	
23	군제(신사 내의)		56	치치부철도	
24	오베쿠스(어패럴)		57	닛폰우선(해운)	운수물류(7)
25	리가루(신발)		58	도카이기선(해운)	
26	싱에이(섬유무역)		59	린코(항만운송)	
27	후루스케(양말)★		60	미쯔비시창고	
28	오우지제지		61	와카치쿠	건설토목(1)
29	미쯔비시제지	제지(2)	62	도쿄건물	부동산(2)
30	야마하	악기제조(1)	63	가부키자	
31	다이닛폰인쇄	인쇄	64	미소노자	극장(1)
32	돗판인쇄		65	덴쯔☆	광고(1)
33	신닛폰제철	철강(2)	66	데이코쿠호텔	호텔(1)
34	도쿄제강(와이어로프)				

련 기업도 7개로 많은 편이었다. 좀더 세분해보면 철도가 3곳, 해운항만이 3곳, 창고업체가 1곳이었다.

수익성 감소, 매출액 감소…장기불황의 늪

100년 기업 66곳의 매출과 이익은 어느 정도나 될까.

비교가 가능하도록 우선 한국 상장기업들의 매출-이익부터 살펴보자. 한국증권선물거래소가 2005년 4월 발표한 자료에 따르면 12월 결산 상장제조업체 521사의 총매출액은 565조 6천970억 원에 이른다. 영업이익은 54조 8천365억 원, 경상이익은 61조 2천542억 원, 당기순이익은 46조 9천970억 원이다.

비교를 위해 이를 일본 엔화로 환산(9대 1로 계산)하면 매출액 62조 5천763억 엔, 영업이익 6조 660억 엔, 경상이익 6조 7천759억 엔, 당기순이익 5조1천988억 엔 등이다.

이에 비해 일본 100년 기업 63사(가네보, 후쿠스케, 니치멘 등 3개사는 제외)의 2004년 매출액은 45조 8천644억 엔, 경상이익은 2조 6천612억 엔, 당기순이익은 1조 4천21억 엔 규모다. 즉 일본의 100년 기업은 한국 상장제조업체와 비교할 때 매출액의 73.3퍼센트, 경상이익의 39.3퍼센트, 당기순이익의 27.0퍼센트에 이르는 규모라고 할 수 있다. 일본 100년 기업의 매출액은 한국 전체 상장 제조업체와 거의 맞먹는 수준에 이르고 있지만 수익규모는 큰 격차를 보이고 있다는 사실을 알 수 있다. 이는 한국 기업들이 외환위기를 겪으면서 수익력을 크게 강화한 반면 일본 기업들은 '잃어버린 15년'이라고까지 하는 장기불황을 겪으면서 경영자원이 크게 훼손된 데서 기인한 것으로 보인다. 2004년과 1989년을 비교하면 이 같은 사실은 자명하게 드러난다.

대우경제연구소가 1990년 3월 현재 12월 말 결산상장법인 456개사(은행 포함)의 결산 내용을 분석한 바에 따르면 매출액은 103조 2천503억 원, 경상이익은 3조 8천964억 원, 당기순이익은 2조 8천749억 원이었다. 이를 현재 엔화환율로 환산하면 매출액은 11조 4천215억 엔, 경상이익은 4천310억 엔, 당기순이익은 3천180억 엔이라는 계산이다.

이에 비해 일본의 100년 기업 66개사의 1989년 실적은 매출액이 36조 1천535억 엔, 당기순이익이 6조 7천567억 엔이었다. 즉 매출액은 한국 상장사의 3.2배, 당기순이익은 무려 21.2배였다. 일본기업들이 지난 15년간 겪어온 불황이 얼마나 가혹한 것이었는지는 지난 경영실적만 보더라도 쉽게 짐작이 간다.

정상적인 경제상황에서는 기업의 수익성이 다소 악화되더라도 매출액 자체가 줄어드는 경우는 드물다. 하지만 일본의 장기불황에서는 이같은 상식을 깨는 일이 다반사로 일어났다. 예컨대 1990년부터 2004년까지 15년 동안 100년 기업의 전체 매출이 줄어든 해가 열 번에 이른다. 특히 1993년은 감소율이 4.8퍼센트, 1998년은 10.0퍼센트, 2002년은 6.1퍼센트에 이르렀다. 1998년은 심지어 66개사의 당기순이익 총계가 마이너스로 추락할 정도로 기업실적이 곤두박질친 한 해였다. 이는 100년 기업들만이 겪은 특수한 상황이 아니었다. 일본의 전체 상장회사를 기준으로 보더라도 1990년부터 2002년까지의 기간 중 매출액이 늘어난 해는 1990년(4.6퍼센트) 1995년(0.4퍼센트) 2000년(1.2퍼센트) 등 3개년에 불과했다.

이는 일본 민간기업들이 겪은 장기불황이 거시경제지표로 나타나는 외형보다 훨씬 심각했음을 보여주는 일례이기도 하다. 즉 일본의 국내총생산(GDP) 실질성장률을 보면 1990년 6.0퍼센트, 1991년 2.2퍼센트,

1992년 1.1퍼센트, 1993년 -1.0퍼센트, 1994년 2.3퍼센트, 1995년 2.5
퍼센트, 1996년 3.6퍼센트, 1997년 0.5퍼센트, 1998년 -0.9퍼센트,
1999년 0.6퍼센트, 2000년 2.5퍼센트, 2001년 -1.1퍼센트, 2002년
0.8퍼센트, 2003년 1.9퍼센트, 2004년 1.5퍼센트 등이었다. GDP성장
률이 마이너스로 추락한 것은 1993년, 1998년, 2001년 등 3개년에 불
과하다. 경제의 가장 중핵(中核)에 해당하는 상장기업들이 사상 유례없는
불황의 늪에서 헤매고 있는데도 경제 전체의 성장이 거기에 정확히 비
례할 만큼 심각한 부진을 면한 이유는 간단하다. 일본 정부가 천문학적
인 재정을 투입하여 성장을 떠받친 결과다. 일본의 국채 발행 잔고를 보
면 얼마나 많은 재정이 동원되었는지를 간접적으로 알 수 있다. 1990년
일본의 국채 발행 잔고는 134조 4천314억 엔이었으나 1994년 206조 6
천46억 엔으로 200조 엔을 넘어섰다. 이어 1999년에는 334조 6천195
억 엔, 2002년에는 413조 9천632억 엔, 2004년 482조 6천336억 엔으
로 급증해 왔다.

개별기업별 매출액는 2004년을 기준으로 할 때 도시바가 5조 8천361
억 엔으로 가장 많았다. 이어 신니혼석유(4조 9천241억 엔), NEC(4조 8천551억 엔)
이온(4조 1천958억 엔), 신닛폰제철(3조 3천893억 엔) 등의 순이었다.

매출액이 1조 엔대인 기업은 덴쯔, 닛폰우선, 다이닛폰인쇄, 돗판인
쇄, 가와사키중공업, 도쿄가스, 오우지제지, 다케다약품, 이시카와중공
업 등이었다. 5천억 엔 이상~ 1조 엔 미만인 기업은 오사카가스, 가오,
미쯔코시, 가네마쯔, 다이헤요시멘트, 후루카와전기공업, 시세이도, 도
부철도, 이세탄, 야마하 등이었다. 1천억 엔 이상~5천억 엔 미만인 기
업은 도요보, 한신전철, 고쿠요, 미쯔비시제지, 시마즈제작소, 닛폰제
분, 유니치카, 도쿄건물, 세이코, 닛폰페인트, 모리나가제과, 다이닛폰

제약, 군제, 가고메, 미쯔비시창고, 구라보, 니치아스, 요시노야, 마루젠 등이었다. 100억 엔 이상~1천억 엔 미만인 기업은 닛폰차량제조, 닛폰모직, 와카치쿠건설, 도쿄제강, 시나가와백연와, 시키보, 데이코쿠호텔, 싱에이, 후지보, 나카무라야, 리카루, 린코 도카이기선, 단토 등이었다. 매출액이 100억 엔 미만인 기업은 셋쯔제유, 치치부철도, 오베쿠스, 미소노자, 산비시, 가부키자 등이었다.

이 가운데는 1989년에 비해 매출이 오히려 줄어든 기업도 있다. 가네마쯔의 경우 무려 84퍼센트나 줄었고 유니치카(-18퍼센트), 세이코(-28퍼센트), 닛폰차량제조(-1퍼센트), 와카치쿠건설(-19퍼센트), 도쿄제강(-5퍼센트), 시키보(-14퍼센트), 싱에이(-26퍼센트), 후지보(-40퍼센트), 단토(-37퍼센트), 치치부철도(-36퍼센트), 오베쿠스(-18퍼센트) 등도 외형이 축소된 기업이다.

자산규모가 1조 엔을 넘는 기업은 도시바(4조 5천714억 엔), NEC(3조 9천406억 엔), 신닛폰제철(3조 8천721억 엔), 신니혼석유(3조 5천143억 엔), 이온(2조 7천520억 엔), 다케다약품(2조 5천454억 엔), 도쿄가스(1조 6천687억 엔), 오우지제지(1조 6천61억 엔), 다이닛폰인쇄(1조 6천2억 엔), 도부철도(1조 5천288억 엔), 돗판인쇄(1조 4천834억 엔), 닛폰우선(1조 4천762억 엔), 이시카와중공업(1조 3천878억 엔), 다이헤요시멘트(1조 2천475억 엔), 오사카가스(1조 2천174억 엔) 등 15개사다.

2004년 4월~2005년 3월 결산에서 법인신고소득이 가장 많은 기업은 다케다약품공업으로 3천299억 엔이었다. 이는 일본 전체 기업 가운데 5위에 해당하는 순위다. 다케다약품보다 법인신고소득이 많은 기업으로는 도요타자동차(9천228억 엔), 일본은행(4천803억 엔), 도쿄전력(3천874억 엔), 닛폰생명보험(3천648억 엔), 캐논(3천616억 엔) 등이었다. 다케다약품공업 이외의 주요 100년기업의 법인소득 순위 및 액수를 보면 신닛폰제철(9위, 2천677억 엔), 도쿄가스(30위, 1천64억 엔), 가오(39위, 860억 엔), 닛폰우선(40위, 848억 엔),

덴쯔(67위, 541억 엔), 오사카가스(78위, 480억 엔), 다이닛폰인쇄(79위, 479억 엔), 신니혼석유(119위, 353억 엔), 야마하(167위, 243억 엔), 가와사키중공업(171위, 236억 엔), 돗판인쇄(178위, 231억 엔) 등으로 조사되었다.

흙 속의 진주, 두각을 나타내다

상장 100년 기업 가운데 극심한 10년 불황 가운데서도 뛰어난 실적을 보여 온 기업은 어디일까. 매출액이나 법인세 납세액도 기준이 될 수 있지만 가장 일반적으로 사용되는 지표인 외형과 수익성을 동시에 보여주는 경상이익을 따져보기로 하자. 여기에서는 '잃어버린 10년' 동안 100

(단위 : 100만 엔)

순위	제1기	제2기	제3기
1	신닛폰제철(146,450)	도시바(175,425)	다케다약품(431,121)
2	도시바(64,782)	신닛폰제철(174,540)	신닛폰제철(204,392)
3	신니혼석유(50,872)	NEC(125,298)	이온(138,295)
4	다케다약품(43,903)	다케다약품(74,211)	가오(121,828)
5	다이닛폰인쇄(36,476)	다이닛폰인쇄(69,709)	신니혼석유(120,107)
6	도쿄가스(28,150)	돗판인쇄(57,215)	도쿄가스(118,635)
7	돗판인쇄(24,451)	도쿄가스(49,185)	NEC(112,597)
8	오사카가스(24,322)	오사카가스(46,130)	도시바(102,910)
9	NEC(23,410)	오우지제지(37,983)	다이닛폰인쇄(101,979)
10	시세이도(23,129)	가오(37,938)	닛폰우선(93,270)
11	미쯔코시(21,397)	신니혼석유(32,204)	오사카가스(81,335)
12	야마하(15,450)	이온(27,907)	돗판인쇄(67,019)
13	닛폰우선(12,795)	고쿠요(23,718)	오우지제지(65,418)
14	이온(12,688)	시세이도(21,574)	덴쯔(50,572)
15	가오(9,171)	이시카와중공업(18,447)	야마하(42,059)
16	고쿠요(8,971)	가와사키중공업(17,120)	시세이도(37,619)
17	군제(8,368)	니치멘(16,886)	다이헤요시멘트(32,262)
18	세이코(8,333)	미쯔코시(16,861)	도부철도(29,195)
19	태평양시멘트(8,159)	후루카와전기공업(14,358)	이세탄(18,391)
20	오우지제지(7,907)	닛폰우선(14,259)	도쿄건물(17,681)
21	이세탄(7,877)	다이헤요시멘트(14,244)	도요보(16,527)
22	시마즈제작소(7,876)	미쯔비시제지(13,556)	가와사키중공업(16,486)
23	도요보(7,196)	시마즈제작소(13,134)	미쯔코시(15,130)

24	후루카와전기공업(6,938)	도요보(12,995)	한신철도(14,965)
25	닛폰제분(5,921)	군제(12,426)시	마즈제작소(12,469)
26	니치멘(4,795)	도부철도(12,357)	가네마쯔(11,500)
27	미쯔비시제지(4,685)	이세탄(12,171)	다이닛폰제약(11,404)
28	가와사키중공업(4,074)	가네마쯔(12,155)	미쯔비시창고(11,189)
29	다이닛폰제약(3,515)	야마하(11,097)	닛폰페인트(10,411)
30	가고메(3,063)	다이닛폰제약(10,501)	세이코(10,307)
31	구라보(2,824)	도쿄건물(10,378)	군제(9,003)
32	미쯔비시창고(2,458)	가네보(10,047)	고쿠요(8,983)
33	도쿄건물(2,390)	닛폰페인트(8,751)	요시노야(8,773)
34	니치아스(2,066)	유니치카(8,523)	유니치카(8,584)
35	닛폰페인트(2,002)	미쯔비시창고(8,298)	니치아스(6,842)
36	한신전철(1,946)	데이코쿠호텔(6,312)	닛폰제분(6,220)
37	와카치쿠건설(1,922)	닛폰모직(6,294)	모리나가제과(6,114)
38	닛폰차량제조(1,786)	닛폰차량제조(5,590)	가고메(5,617)
39	유니치카(1,770)	한신전철(5,283)	닛폰모직(4,907)
40	시나가와백연와(1,760)	요시노야(5,171)	구라보(4,519)
41	가네마쯔(1,577)	닛폰제분(5,160)	데이코쿠호텔(3,443)
42	도쿄제강(1,467)	단토(4,488)	도쿄제강(3,028)
43	닛폰모직(1,298)	세이코(3,853)	와카치쿠건설(2,608)
44	후지보(1,226)	가고메(3,824)	시나가와백연와(2,414)
45	데이코쿠호텔(1,090)	구라보(3,284)	후지보(2,239)
46	도부철도(983)	니치아스(3,135)	마루젠(2,179)
47	나카무라야(976)	와카치쿠건설(2,980)	나카무라야(1,841)
48	단토(908)	모리나가제과(2,949)	시키보(1,387)
49	오베쿠스(878)	마루젠(2,298)	닛폰차량제조(1,386)
50	시키보(712)	도쿄제강(2,152)	싱에이(1,127)
51	마루젠(408)	후지보(2,059)	린코(1,086)
52	린코(301)	나카무라야(1,939)	리가루(739)
53	도카이기선(265)	리가루(1,351)	가부키자(475)
54	셋쯔제유(226)	시나가와백연와(1,316)	치치부철도(303)
55	치치부철도(221)	린코(834)	산비시(241)
56	미소노자(209)	후쿠스케(761)	미소노자(57)
57	산비시(151)	시키보(642)	미쯔비시제지(42)
58	가부키자(143)	도카이기선(622)	오베쿠스(-7)
59	후쿠스케(73)	싱에이(548)	도카이기선(-130)
60	싱에이(-153)	오베쿠스(527)	셋쯔제유(-150)
61	가네보(-261)	치치부철도(296)	단토(-849)
62	모리나가제과(-1,570)	가부키자(241)	이시카와중공업(-9,516)
63	이시카와중공업(-6,569)	미소노자(215)	후루카와전기(-18,461)
64		셋쯔제유(207)	
65		산비시(197)	
평균	10,340	19,660	34,127
편차	21,681	34,917	67,184

※ 제1기 요시노야 리가루 덴쯔 자료 없음, 제2기 덴쯔 자료 없음, 제3기 니치멘, 가네보, 후쿠스케 자료 없음.

년 기업들이 어떤 부침을 겪었는지 보기 위해 경상이익을 3개 기간으로 나누어 계산해보았다. 1978~1980년을 제1기, 1988~1990년을 제2기로 2001~2004년을 제3기로 구분해서 연평균 경상이익을 계산한 결과는 앞의 표와 같다.

경상이익의 신장이라는 점에서 가장 두드러진 기업은 다케다약품공업이다. 다케다약품은 제1기와 제2기의 경우 4위를 나타냈으나 제3기에는 2위인 신닛폰제철과 2배 이상의 차이를 보이며 압도적인 1위를 했다.

반면 100년 기업 66개사 중 자산과 매출 모두 1위인 도시바의 부진은 대조적이다. 제1기 9위에서 제2기에는 3위로 올라섰으나 제3기에는 다시 7위로 내려앉았다. 10위권 밖에서 3위와 4위로 뛰어오른 이온과 가오의 상승은 주목할 만하다. 흔히 인쇄업하면 영세성을 떠올리기 마련인 한국과 달리 상위권에 다이닛폰인쇄가 포진한 점도 주목할 만하다.

일본에서도 대중적인 인지도는 크게 떨어지면서 내실 면에서는 어떤 유명 대기업에도 떨어지지 않는 다케다약품과 다이닛폰인쇄, 가오는 어떤 기업일까. 또, 이들 기업이 고수익성을 유지하는 비결은 무엇일까.

균형 잡힌 경영이 만든 '곱셈'의 효과

앞서 설명한 대로 '잃어버린 10년'은 일본 기업들로서는 생사가 불투명할 정도로 가혹한 시련이었다. 세계 최강의 경쟁력을 자랑하는 도요타자동차조차도 1990년대 중반 극심한 실적부진에 시달렸을 정도다. 하지만 불황 앞에 장사 없다는 원칙에도 예외가 없는 것은 아니다. 상장 100년 기업 중에는 극심한 불황에도 전혀 위축되지 않고 비약적인 발전을 거듭해 온 기업이 있다. 그 대표주자가 가오(花王·1887년 창업)라는 기업이다. 가오는 샴푸와 세제 등 이른바 욕실용품을 주로 제조, 판매하는 종합 생활용품업체다. 말하자면 불황에 대해 다른 어느 업종보다도 민감한 업종이다. 그런데도 이 회사는 1982년부터 2005년까지 24년 연속 영업이익이 늘어나는 기록적인 실적을 올렸다. 2006년에는 연속 증익(增益) 기록 경신행진이 막을 내렸지만 자체 실적이 나빠져서 그런 것이 아니다. 화장품사업을 강화하기 위해 수익력이 취약한 가네보화장품을 인수한 것이 원인이었다.

그 비결을 알아보기에 앞서 간단한 셈부터 해보기로 하자. 각 기업의 역량을 연구개발 부문, 생산 및 관리 부문, 마케팅 부분으로 나눈 뒤 점수를 매긴다고 가정하자. A기업은 각각의 점수가 7, 7, 7이다. 또, B기업은 2, 7, 12이고 C기업은 0, 10, 11이다. 만약 기업경영이 덧셈이라면 세 기업은 모두 21로 실적이 같을 것이다. (7+7+7=21, 2+7+12=21, 0+10+11=21) 하지만 기업경영이 곱셈이라면 세 기업의 실적은 극단적으로 갈린다. A기업은 $7 \times 7 \times 7 = 343$이다. B기업은 $2 \times 7 \times 12 = 168$이다. C기업은 $0 \times 11 = 0$이 된다.

가오는 기업경영이란 철저히 곱셈이라고 믿는 기업이다. 도키오 후미카쓰(常磐文克) 전 회장은 "경영은 곱셈이다. 실력이 약해서 제로인 부문이 하나라도 있으면 결과는 제로다."라고 말한 바 있다. 가오의 경영철학은 미국의 한 유명한 MBA 스쿨의 모토인 '균형 잡힌 탁월감'과도 일맥상통한다. 가오의 경영은 화려하지 않지만 어느 부분을 들여다보아도 약한 부분이 없다. 연구개발력과 원가절감력, 마케팅력이 모두 업계 톱(Top) 수준이다.

이중 원가절감력 하나만 예를 들어보자. 《닛케이비즈니스》 2003년 7월호가 이를 가장 알기 쉽게 설명하고 있다.

가오는 1986년부터 '종합원가절감(TCR · Total Cost Reduction)' 활동을 시작했다. 개발, 생산, 판매, 물류 등 전 사 전 부문이 일체가 되어 연간 1천 건에 이르는 원가절감책을 시행하여, 17년간 매년 100억 엔씩 원가를 줄였다. TCR의 효과는 매출액 대비 원가율에 현저히 나타난다. TCR을 시작하기 전인 1985년에는 58.1퍼센트였지만 2002년에는 42.3퍼센트로 낮아졌다. "작은 개선도 10년을 계속하면 이노베이션이 된다."는 것이 생산 및 TCR을 총괄하는 담당임원의 설명이다.

가오가 각 부분이 골고루 높은 경쟁력을 갖도록 하기 위해 무엇보다 중시하는 것이 커뮤니케이션이다. 일선 창구의 제품에 대한 불만이 거의 리얼타임으로 연구개발 담당부서에 전달된다는 평가가 나올 정도로 조직간 의사소통이 활발하다. 모든 경비를 다 아껴도 직원 회식비는 아끼지 않는다는 말도 나온다.

기업 다이어트로 체질 개선

다케다약품은 1781년 오사카(大阪)에 창업한 한약방에 뿌리를 두고 있다. 1895년에 근대적인 제약메이커로 발돋움했고 1907년에는 일본에서 최초로 사카린을 제조하는 데 성공했다. 1990년대 초반경에는 제약업계 부동의 1위로 자리를 굳혔다. 하지만 내부적으로는 경쟁력이 병들어가는 중이었다. 잠재적인 연구개발능력은 어떤 기업에도 뒤지지 않았지만 생산성은 상위 5위 안에도 못 드는 수준이었다. 성과도 하락세였다. 이런 가운데 경쟁업체인 산쿄가 발매한 고지혈치료약 '메바로친'의 성공은 다케다약품에게는 일찍이 느껴보지 못한 강한 충격이었다. 1993년 3월기 결산에서는 메바로친의 실적에 힘입어 산쿄의 영업이익이 다케다약품을 앞지르기에 이른다. 다케다약품의 부진은 주력업종인 제약에만 한정된 것이 아니었다. 사원의 절반가량을 식품, 화학품, 농업에 배치하고 있었지만 이들 부분이 회사수익에서 차지하는 비중은 채 1할이 되지 않았다.

1993년 경영권을 잡은 창업주의 7대손 다케다 구니오(武田國男 · 현 회장) 사장은 취임과 동시에 인사제도를 확 뜯어고쳤다. 1994년 4월 사장인 자신을 포함한 임원들부터 객관적인 목표성과제를 도입했다. 다케다약품은 1993년 4월 중간간부들을 대상으로 목표성과제를 도입하려 했지만 다케다 사장이 이를 기각시킨바 있다. 즉 개혁을 하려면 톱(Top)부터 철저하게 해야 한다는 것이 다케다 사장의 생각이었다. '생선은 머리부터 썩는다'는 것을 다케다 사장은 잘 알고 있었던 것.

다케다 사장은 이어 1995년에는 대규모 사업구조조정안을 내놓는다. 의약품에 전력을 집중하기 위해 다른 부문을 모두 타사에 양도한다는 것이 핵심이었다. 다케다 사장은 사내의 반발에도 불구하고 이 계획을 꾸준하게 밀어붙였다. 2000년 6월 쉐링 부라우사와의 합병회사인 다케다 쉐링 부라우 애니멀헬스에 동물약사업 영업을 양도했다. 비타민벌크 부분의 경우 2001년 1월 국내사업에 대해 BASF저팬사와 합병회사인 BASF비타민을 설립했고, 해외 자회사인 다케다 푸드 비타민 미국, 다케다 캐나다 푸드 비타민, 다케다유럽, 다케다 푸드 비타민 아시아의 전 주식을 BASF사에 양도했다. 2001년 4월 우레탄 및 유도체·복합재료 등의 사업은 미쯔이화학과의 합병회사인 미쯔이다케다케미칼에 양도했다. 식품사업은 2002년 4월 기린맥주와의 합작회사인 다케다기린식품에 양도했다. 농약사업은 2002년 11월 스미토모화학공업과의 합작회사 스미카사케다농역에 넘겼다. 생활환경사업에 대해서는 2003년 4월 전액출자 자회사인 닛폰엔바이로케미칼즈를 설립한 데 이어, 2005년 4월에는 생활환경사업을 영위하는 모든 자회사와 관련회사의 주식을 오사카가스케미칼에 양도했다.

생산성이 낮은 국내공장은 축소하거나 폐쇄하는 대신 해외아웃소싱을 대폭 늘렸다. 구조조정과 함께 인원삭감도 시행했다. 1995년부터 두 차례에 걸쳐 조기퇴직을 실시, 약 1천200명이 응모했다. 여기에 자연삭감과 채용억제 효과가 더해져 2004년 말 현재 종업원 수는 1993년 말보다 34퍼센트 줄어든 7천345명에 그치고 있다. 성과주의형 임금제도는 1995년 말 간부사원을 대상으로 도입한 데 이어 1997년 일반사원에까지 확대했다. 2003년 7월부터는 업무달성도에 의해 사원랭킹을 정해 급여를 지급하는 제도를 도입, 종래의 연공급은 완전히 폐지했다. 일본의 대기업 가운데 연공급을 폐지한 것은 다케다약품이 최초였다.

이 같은 경영개혁에 의해 다케다 사장이 재임한 10년간 다케다약품의 연결매출액은 1.4배, 경상이익은 5배로 늘었다. 또, 2002년에는 일본 제약업체 중 처음으로 매출액 1조 엔을 돌파했다.

'틀'을 깨고 도전한다

다이닛폰인쇄는 선택과 집중 전략으로 큰 성공을 거둔 다케다약품과는 정반대로 다각화전략으로 화려하게 변신한 사례다.

다이닛폰인쇄는 슈에이샤(秀英舍)라는 이름으로 1876년 도쿄 긴자에 설립되었다. 슈에이샤는 당시 최고의 선진국인 영국보다 뛰어난 회사를 목표로 한다는 취지에서 지은 이름이다. 이후 인쇄회사로서 순탄한 성장을 거듭하던 다이닛폰인쇄는 존폐의 위기를 맞게 된다. 패전 후 혼란의 와중에서 인쇄업계에서는 파업 등 노동쟁의가 유행처럼 번져 나갔다. 은행들은 인쇄회사라는 이름만 들어도 대출을 꺼렸다. 가뜩이나 종이인쇄 수요가 부족한 상황에서 자금줄마저 끊기자 다이닛폰인쇄는 도산 직전의 처지에 내몰렸다.

위기의식이 팽배했던 경영진은 인쇄 소재를 종이에서 발포스치로폴 등으로 확대함으로써 돌파구를 모색했다. 다각화를 향해 한번 내딛은 걸음은 여기에서 멈추지 않았다. 1985년 1월에는 세계 최초로 CD-ROM판 전자사전을 개발했다. 이어 6월에는 대기억용량 광(光)카드를 개발했다. 2008년 현재 다이닛폰인쇄의 매출은 1조 1천801억 엔이 넘는다. 이중 47.3퍼센트가 인쇄업을 포함한 정보커뮤니케이션, 32.2퍼센트가 생활 및 산업용품(주로 포장용품), 20.5퍼센트가 일렉트로닉스 부분에서 나온다. 다이잇폰인쇄가 종이인쇄라는 '좁은 틀' 안에 스스로를 가두었더라면 매출 1조 엔이 넘는 대기업으로 성장하는 것은 상상하지 못했을 것이다.

Ⅳ 100년 기업, 다섯 가지 교훈

100년 동안 기업을 받쳐온 대들보 같은 한 마디.
100년 기업들에서 배울 수 있는 공통적인 경영 철학을 통해
잊기 쉬운 경영의 근본을 다시 되새겨본다.

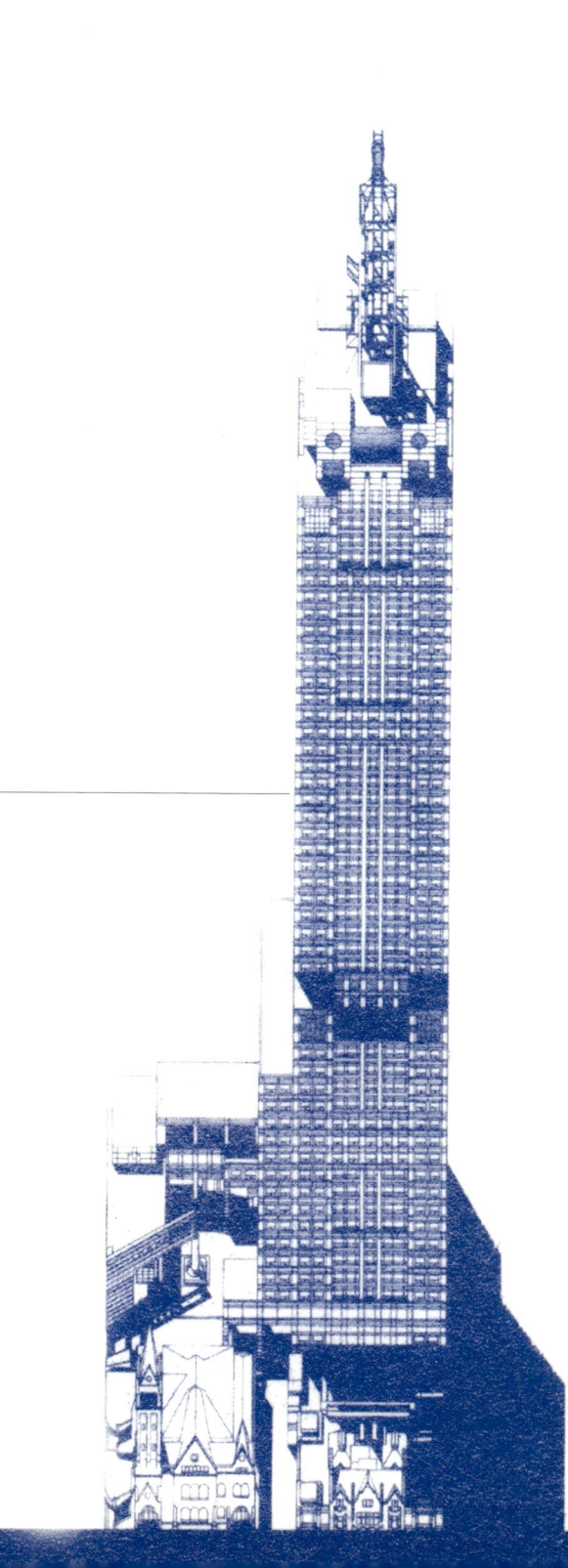

IV. 100년 기업, 다섯 가지 교훈

100년을 이어주는 한 마디, 가훈

일본의 산업혁명에 사상적 원동력을 제공했다는 이시다 바이간(石田梅巖)은 '장사의 근본은 행상(行商)에 있다' 는 말을 남겼다. 일본 양대 유통기업 중 한 곳인 이온그룹의 뿌리가 250년 전 미에(三重) 현의 괴나리봇짐 행상이었다는 사실만 보더라도 일리 있는 이야기다.

오카다 다쿠야(岡田卓也) 이온 명예회장은 작은 동네 포목상을 연 매출 50조 원이 넘는 굴지의 대기업으로 키운 비결로 다음과 같은 가훈(家訓)을 꼽은 적이 있다.

'대들보에 바퀴를 달아라.'

대들보는 집 전체를 떠받치는 가장 중요한 기둥이다. 무슨 일이 있어도 움직여서는 안 된다. 하지만 변화무쌍한 비즈니스 세계에서 살아남으려면 대들보까지도 옮길 수 있는 유연성이 있어야 한다.

조상들이 발이 부르트도록 전국을 떠돌며 체득한 이런 이치를 오카다 가문은 지금도 충실히 지키고 있다. 이온그룹은 2007년 한 해 동안 86 곳에 새 점포를 열고 기존 점포 46곳을 폐쇄했다. 가훈의 가르침대로 새 길목과 장터를 찾아 끊임없이 '대들보' 를 옮기고 있는 것이다.

일본에는 이온처럼 가훈을 소중히 떠받드는 기업이 많다.

신용조사업체인 데이코쿠데이터뱅크가 1912년 이전 창업한 일본 기업 4천 개사를 대상(814개사 응답)으로 실시한 설문조사에서 약 80퍼센트가 가훈이나 사훈을 갖고 있다고 답했다.

시오세총본가의 가와시마 회장도 658년의 전통을 이어 내려온 비결 중의 하나로 가훈을 꼽는다. 13개 항의 가훈에는 이런 내용도 있었다.

'물건을 사러 온 손님보다 반품하러 온 손님에게 친절하라.'

가와시마 회장에게 아직도 이 가훈을 지키고 있는지 물어보았다. 그는 "장사의 기본"이라고 잘라 말했다. 그러면서 시오세총본가는 제품에 대한 불평이나 불만을 접수하면 영업담당자가 '반드시 그날' 찾아가 사과한다는 설명을 덧붙였다.

일본의 최대 광고대행사인 덴쓰에는 4대 사장이 만든 1951년 사원용 행동규범이 아직도 회자된다. '귀신 10칙(鬼十則)'이라는 이름으로, 이런 내용이다.

1. 일은 스스로 만들어야 한다. 주어진 일을 한다는 생각을 버려라.
2. 큰일에 덤벼라. 작은 일은 너를 작게 만든다.
3. 일이란 늘 선수를 잡아야지 수동적으로 해서는 안 된다.
4. 어려운 일을 노려 성공시킬 때 진보가 있다.
5. 덤빈 이상 포기하지 마라. 죽어도 포기하지 마라. 목적을 완수할 때까지……
6. 주위를 잡아끌어라. 잡아끄는 것과 끌리는 것은 하늘과 땅 차이다.
7. 계획을 가져라. 장기적인 계획을 갖고 있으면 인내와 궁리, 그리고 바른 노력과 희망이 생긴다.

8. 자신을 가져라. 자신이 없으면 네 일에는 박력도, 끈기도, 깊은 맛도 없다.
9. 머리는 항상 풀가동시켜라. 사방팔방에 신경을 써라. 아주 작은 틈도 있어서는 안 된다. 서비스라는 게 원래 그런 것이다.
10. 마찰을 두려워 마라. 마찰은 진보의 어머니, 적극의 비료다. 그렇지 않으면 너는 비굴하고 미련해진다.

물론 시니세의 가훈이란 대부분 경영자가 후계자에게 남기는 메시지가 주류를 이룬다.

이들 기업의 가훈이나 사훈에는 전쟁, 불황, 수요의 변덕, 신용경색 등 기업을 도산으로 몰아넣을 수 있는 위험으로부터 자신을 보호할 수 있는 비결이 담겨 있다. 이 안에는 100년 이상 각종 역경과 싸워 나오면서 몸으로 체득한 지혜가 담겨 있기에 한국의 기업에도 참고가 될 수 있을 것이다.

100년 기업에서 배우는 다섯 가지 교훈

Ⅱ장에 소개한 30개 기업들을 탐방하기 전에 그 몇 배가 넘는 기업을 책이나 기사 등을 통해 사전 조사했다. 하지만 이들 기업 중 단지 운이 좋아서 100년 이상 '버텨온' 기업은 단 하나도 발견할 수 없었다. 100년 기업들의 생존 노하우는 각론에 들어가면 각 기업마다 각양각색이었지만 큰 시각에서 보자면 닮은 점도 적지 않았다. 최대한 공통분모를 끌어내 일반화한다면 다음과 같은 다섯 가지 문장으로 요약할 수 있다.

> 1. 전통은 혁신의 연속이다.
> 2. 병풍과 사업은 너무 펼치면 쓰러진다.
> 3. 수성(守成)이 창업보다 어렵다.
> 4. 지키는 경영자 있고, 펼치는 경영자 있다.
> 5. 믿음을 파는 기업이 영속한다.

전통은 혁신의 연속이다.

첫번째 교훈은 100년 기업들을 탐방하면서 가장 많이 들었던 말이다. "아무리 성공적인 히트상품이나 비즈니스모델도 30년 이상 가는 경우는 없다."는 것이 100년 기업 경영자들의 공통된 설명이었다. 즉 사업환경의 변화가 아무리 더딘 업종이라고 해도 30년에 한 번씩 환골탈태(換骨奪胎)에 가까운 혁신을 하지 않으면 도태된다는 것이었다.

재미있는 사실은 과감한 혁신을 통해 회사를 위기에서 살려낸 경영자들이 꼽은 가장 큰 적(敵)이 하나같이 일치했다는 점이다. 그 적이란 다름

아닌 '성공한 경험'이다. 이야기를 계속하기에 앞서 흥미로운 사례를 하나 들어보자.

한국에도 '은단'이라는 이름으로 잘 알려진 '진탄(仁丹)'을 개발한 회사는 모리시타진탄이라는 일본의 100년 기업이다. 1905년 세상에 처음 나온 진탄은 발매 2년 만인 1906년 일본의 대중 소비 약품 중 판매실적 1위를 기록할 정도로 엄청난 히트를 했다. 진탄은 이후로도 1960년대까지 폭발적인 인기를 이어갔다. 이 모리시타진탄이라는 회사를 '돈방석' 위에 올려놓았음은 말할 나위도 없다.

이 모리시타진탄이라는 회사에는 1970년대에 생겨난 '진탄병(病)'이라는 용어가 있다. 진탄이 상품으로서 너무나 성공하는 바람에 신상품 개발과 사풍을 개혁하는 데 소홀해지면서 경영실적이 부진의 늪에 빠진 것.

Ⅲ장에서 소개한 '류카쿠산'도 진탄의 사례와 전혀 다르지 않다. 성공이란 세월이 지나면 그 효과가 떨어지는 것은 물론 생존을 위한 개혁을 가로막는 적으로 둔갑한다. 성공이란 권위와 기득권을 낳기 때문이다. 성공에는 다른 어떤 것도 넘볼 수 없는 권위가 있다. 기업에서 의사결정을 할 때 "이렇게 해서 지난번에 성공했잖아." 또는 "그렇게 해서 지난번에 실패했잖아."라고 한마디만 하면 토론은 끝이다. 더구나 류카쿠산이나 모리시타진탄처럼 대형 히트상품이 있는 회사에서 성공의 권위에 도전한다는 것은 쉬운 일이 아니다.

또, 과거의 성공을 일구어낸 공신들은 대개 회사의 요직을 차지하고 있다. 이들은 자신들이 설 땅을 무너뜨리는 새로운 비즈니스모델, 새로운 상품에 대해 거부감과 적대감을 갖기 십상이다. 후지이 류타 류카쿠산 사장은 "이런 저항은 오너 사장이 아니면 돌파가 불가능할 정도로 거세다."고 말했다.

268

하지만 이런 저항을 극복하지 않는 한 100년 기업이 될 수 없다는 게 100년 기업 경영자들의 공통된 설명이었다.

병풍과 사업은 너무 펼치면 쓰러진다.

이 말은 1998년 창업 283주년을 맞은 한 철물상의 가훈이다. 1884년 창업한 한 장롱가게의 가훈에는 '종기와 장롱가게는 커지면 찌부러진 다'는 항목이 있다. 일본의 100년 기업들 중에는 이처럼 기업의 규모와 사업영역을 확대하는 것을 금기시하는 기업이 많다.

그 이유는 Ⅱ장에서 시오세총본가의 가와시마 회장이 잘 설명한 바 있다. 규모가 너무 커지면 최고경영자의 눈과 손이 미치지 않는 곳이 생기고 자연히 품질과 서비스에 하자가 생겨난다는 것이다.

전술한 대로 일본의 시니세들 중에는 영세기업이 압도적으로 많다. 기업의 성장에 큰 의미를 부여하는 시각에서 보자면 '낙제점 수준의 기업'이라고 폄하할 수도 있을 것이다. 그러나 대부분의 일본 시니세들은 규모가 영세하다는 것을 불명예라고 생각하지 않는다. 자신의 상품과 서비스를 진정으로 평가해주는 고객들을 위해 노렌을 천년만년 계승해 가는 것을 사명이자 최고의 영예로 여긴다.

일본이 세계 최대의 시니세 대국인 가장 큰 이유는 '짧고 굵게'보다 '가늘고 길게'에 가치를 두는 기업이 많기 때문일 것이다. 확장을 지향 하는 기업이 영세성을 탈피하지 못하는 것은 실패지만, 영세성을 지향 하는 기업들이 영세한 것을 실패라고 평가할 수는 없는 일이다.

수성(守成)이 창업보다 어렵다.

수성이 어렵다는 것은 비단 비즈니스 세계에 한정된 일만은 아니다.

한 국가나 왕조의 흥망을 다룬 역사서에서도 단골로 등장하는 표현이다.

앞 항목에서 많은 100년 기업들이 외형 확대를 금기시하면서 수수하게 한 우물을 파는 이유는 수성을 한다는 것이 그만큼 어렵기 때문이다. 작게 자신을 지켜나가는 데도 최선을 다하지 않으면 안 되는 마당에 다른 곳에 한눈을 팔 여유가 어디 있겠는가.

그러나 이는 인류가 멸망하지 않는 한 사라지지 않는 식품음료 업종이나 소매업에 주로 해당하는 이야기다. 대부분의 업종은 수년, 수십 년 단위로 제품에 대한 수요가 일변한다. 과학과 기술의 발전이 강력한 대체상품을 만들어내기 때문이다. 더구나 기업의 외형이 중견기업 이상으로 성장한 기업이 좁은 의미의 '한 우물'이라는 테두리에 자신을 가두는 것은 고사(枯死)하기를 자초하는 것이나 다름없다.

야마하가 기술자적 파이오니어 정신을 발휘하여 적극적인 다각화를 모색하지 않았다면 지금쯤 지방의 작은 오르간 가게로 만족하고 있을 것이다. 또, 무라카미카이메이도가 사이드미러 산업에 진출하는 모험을 감행하지 않았다면 같은 업종의 기업들처럼 문을 닫았을 것이다. 부라더산업이 팩스와 디지털기기 산업에 진출하지 않았으면 파산했거나 살아남았더라도 고전의 늪에서 헤어나지 못하고 있을 것이다.

수요 변화가 심한 업종에서는 '수성'이라는 생각 자체를 버리고 항상 새롭게 '창업'한다는 생각을 갖는 것이 오히려 기업 장수의 비결일 것이다. 재봉틀 회사인 부라더산업을 디지털기기 회사로 탈바꿈시킨 야스이 요시히로 회장은 결단의 배경에 대해 "창업이 수성보다 쉬웠기 때문"이라고 설명한 바 있다.

병풍을 너무 펴면 넘어진다. 그러나 펴지 않고 세워놓는 것도 쉽지 않은 일이다. 어디가 적정선인지를 찾아내는 것이 경영자의 진정한 역량

일 것이다.

지키는 경영자 있고, 펼치는 경영자 있다.

네 번째 교훈은 히이라기야(柊家)라는 교토의 료칸에서 나온 말이다. 1818년 창업한 이 료칸의 입구에는 '래자여귀(来者如帰)'라고 쓰인 큼지막한 액자가 걸려 있다. 래자여귀란 '손님이 내 집에 돌아온 것처럼 편안하게 맞이한다'는 뜻. 가족 같은 편안한 서비스 덕분인지 노벨상 수상작가인 일본의 문호 가와바타 야스나리(川端康成) 등 수많은 유명인사들이 이 료칸을 애용했다고 한다. 가와바타 야스나리는 일부러 감사의 글까지 보냈을 정도다.

지키는 경영자 있고, 펼치는 경영자 있다는 말은 경영자의 개성, 사업 환경, 그때그때 기업의 사정에 따라 공세적인 경영을 해야 할 때, 수세적인 경영을 해야 할 때가 따로 있다는 뜻이다.

Ⅲ장에서 소개한 다케다약품공업은 일본 모든 기업을 통틀어 현금이 가장 많은 기업으로 통한다. 외형과 수익성 등의 모든 면에서 2위와는 현격한 차이를 벌리고 있는 일본 최대의 제약업체이기도 하다. 만약 다케다 구니오 회장이 1990년대에 대대적인 사업구조조정과 슬림화 조치를 단행하지 않았다면 다케다약품이 일본 제약업계에서 지금처럼 독보적인 지위를 구축하지는 못했을 것이다.

'한 우물 파기'를 사시(社是)처럼 생각하는 기업이 아니라면 사업 분야를 확대하는 것은 자연스러운 행동이다. 하지만 새로운 사업 분야 중에는 성공과 실패가 갈리게 마련이다. 구사업이든 신사업이든 실패한 사업은 기회를 보아서 정리할 필요가 있다. 비약적인 성장을 하기 위해서는 한정된 경영자원을 가장 자신 있는 분야에 집중하지 않으면 안 되기 때문이다. 독특한 다각화 성공사례로 경영학 교과서에도 등장하는 야마하가 최근 '선택과 집중'에 골몰하고 있는 것도 이런 이유에서다.

개구리는 움츠림과 도약을 반복하면서 앞으로 나아간다. '지키는 경영자 있고 펼치는 경영자 있다'는 히이라기야의 가훈은 이런 이치를 설파하는 말일 것이다.

믿음을 파는 기업이 영속한다.

다섯 번째 교훈을 설명하기에 앞서 후쿠시마(福島) 현에 있는 한 청주제조업체(1790년 창업)의 가훈을 인용해보자.

'재산은 셋으로 쪼개서 관리하라.'

재산을 부동산, 주식, 예금에 분산 투자하라는 현대투자론의 포트폴리오이론과 비슷해 보이지만 구체적인 내용은 다르다. 이 기업의 가훈은 3분의 1은 부동산, 또 다른 3분의 1은 주식·예금·현금에, 마지막으로 가장 중요한 3분의 1을 '신용'에 투자하라고 가르친다.

'신용이 장수의 초석'이라고 믿는 기업은 이곳뿐만이 아니다. 데이코쿠데이터뱅크의 조사에서 경영에서 가장 중시하는 것을 한자(漢字) 한 자로 쓰라는 주문에 압도적으로 많은 장수기업이 '믿을 신(信)'자를 꼽았다.

100년 기업들이 신용을 중시하고 신용관리에 뛰어나다는 사실은 수치로도 입증된다.

데이코쿠데이터뱅크에서는 기업의 신용도를 A(86~100점) B(66~85점) C(51~65점) D(36~50점) E(35점 이하) 등 5등급으로 평가한다. 전체 기업의 신용등급별 구성비는 A와 B 등급이 전체의 0.6퍼센트, C등급이 20.5퍼센트, D와 E등급이 78.9퍼센트가량이라고 한다.

이에 비해 장수기업 2만 4천234개사의 신용등급별 구성비는 A와 B

등급이 2.5퍼센트, C등급이 30.3퍼센트, D와 E 등급이 67.2퍼센트로 나타났다. 일반기업에 비해 상위등급의 비율이 높았고, 특히 A와 B 등급은 구성비가 무려 4배가량 높은 셈이다.

따라서 다음과 같은 결론을 내린다고 해서 무리는 아닐 것이다.

상품과 서비스를 파는 기업은 흥하기도 하고 망하기도 한다. 하지만 믿음을 파는 기업은 영속한다.

세계에서 가장 오래된 회사는 일본 오사카(大阪)에 본사가 있는 건설회사 곤고구미(金剛組)라고 알려져 있다. 절 건축과 문화재 수리 등을 전문으로 하는 이 회사는 백제의 기술자들이 설립한 것으로 전해진다. 한국인의 손으로 세운 세계 최고(最古)의 기업 곤고구미는 안타깝게도 2005년 사실상 파산했다. 지금은 다카마쓰건설이라는 회사의 자회사가 되었다. 따라서 이 회사를 여전히 세계 최고라고 해도 될지는 약간 논란의 여지가 있다.

하지만 야박한 잣대를 들이대, 설령 2005년 문을 닫았다고 치더라도 이 기업의 수명은 경이적이다. 곤고구미가 처음 문을 연 것은 지금으로부터 약 1천400여 년 전인 578년, 신라로 치면 경덕왕이 다스리고 있던 시기다. 즉 1천428년긴이나 존속한 셈이 된다.

공교롭게도 기네스협회가 인증한 세계 최장수 기록도 일본이 갖고 있다. 여성은 114세, 남성은 111세다. 최고 기록만 비교하자면 기업의 수명이 인간의 수명에 비해 12.5배나 긴 셈이다.

그러나 평균연령을 따지면 이야기는 달라진다. 먼저 사람의 통계를 보자. 세계에서 가장 오래 사는 것으로 공인받은 일본인들의 평균수명은 82.5세라고 한다.

274

기업의 평균수명이 어느 정도인지에 대해서는 각 나라와 추계기관에 따라 연구 결과의 편차가 크다. 하지만 어떤 경우에든 인간으로 치면 한 세대에 해당하는 30년을 넘기는 기업이 드물다는 게 공통적인 설명 이다.

유럽의 스트래티직 컨설팅은 유럽과 일본 기업의 평균수명은 13년에 불과하다고 추산한다. 이 컨설팅회사가 미국에서 2천여 개 정보기술업 체를 추려 평균수명을 계산해보았더니 고작 10년 안팎이라는 결과가 나 왔다고 한다.

이렇게 기업의 평균수명은 인간보다 훨씬 짧을 뿐 아니라 시간이 갈 수록 짧아지는 추세다. 미국의 매킨지 컨설팅은 1955년 현재 미국 기업 의 평균수명이 45년이었지만 2005년에는 15년으로 크게 단축되었다고 분석했다. 또, 현재 미국 기업 가운데 25년 뒤에도 살아남을 기업은 30 퍼센트에 그칠 것이라는 전망도 내놓았다.

과학기술의 진보 속도가 점점 빨라지고 정보화와 세계화의 물결이 도 도히 밀려드는 현실을 감안할 때 기업의 평균수명이 짧아진다는 점은 상식적으로도 충분히 공감할 수 있는 사실이다. 과학기술이 발전한다는 것은 새로운 상품의 등장 속도가 빨라지고 그 수도 늘어난다는 것을 뜻한다. 따라서 상품의 라이프사이클이 전반적으로 짧아지고 경쟁자의 수도 늘어나게 되는 것이다.

미국처럼 고용유연성이 뛰어나고 굳이 한 직장에 몸담는 데 연연하지 않는 문화라면 기업의 수명이 짧아진다고 해서 크게 걱정할 일은 아니다. 근무하는 회사가 망하면 비슷한 다른 회사로 옮기면 그만이기 때문이다. 또, 기업의 진입과 퇴출이 자유로운 미국적 사고에서 보자면, 비효율적인 회사의 수명을 무리하게 연명시키는 것보다는 아예 문을 닫고 좀더 효율적인 곳에 자원을 투입시키는 것이 효율적이라고 생각할지도 모른다.

하지만 고용이 경직적이고 회사의 설립이나 해산이 쉽지 않은 한국에서는 이처럼 속 편한 이야기를 할 수 없다. 이직이 쉽지 않은 한국에서 자신이 몸담고 있는 회사의 파산은 곧 영원한 실직(失職)을 뜻할 때가 많다. 또, '부도 꼬리표'가 한 번 붙으면 떨어지지 않기에 기업가들에게도 파산은 비즈니스 세계로부터 영원한 추방을 의미한다.

일본에는 곤고구미를 제외하고도 수백 년이 넘는 역사를 자랑하는 기업이 즐비하다. 도쿄(東京) 주식시장에 상장된 기업 중에서 100년 이상의 역사를 가진 곳만 세어도 도시바, NEC, 덴쓰, 시세이도 등 70개가 넘는다. 소규모 자영기업을 포함하면 2만 개를 훨씬 넘을 것으로 추산된다.

이에 비해 한국에서는 100년 이상의 역사를 가진 기업이 두산과 동화약품 등 열 손가락 안쪽이다. 한국이 일본에 비해 산업화의 역사가 일천하다고는 하지만 이 점을 감안해도 한국의 기업은 지나치게 단명(短命)하다고 할 수 있다.

기업의 파산은 기업주나 종업원들에게만 고통이나 불이익을 주는 데 그치지 않는다. 해당기업에 투자한 주주, 돈을 빌려준 채권자, 물품이나 서비스를 납품하던 협력업체 등도 물론이지만 소비자에게도 불이익이 된다. 늘 손에 익어 있던 서비스나 물품을 더 이상 구매할 수 없게 되기 때문이다.

'모든 경제주체에게 고통을 주는 기업의 단명현상을 개선할 수 있는 방법은 없을까. 일본의 장수기업 사례를 연구해보면 한국기업들이 파산위기를 헤쳐 나가는 데 큰 시사점을 찾을 수 있지 않을까.'

〈동아일보〉는 이런 문제의식에서 2007년 10월 11일부터 일본의 장수기업들을 탐방하여 한국의 독자들에게 소개하는 '日本 100년 기업을 가다' 시리즈를 시작했다. 2008년 6월 13일 시리즈가 30회로 막을 내리기까지 필자들은 일본 최북단 홋카이도(北海道)에서 규슈(九州)의 최남단 가고시마(鹿兒島)까지 일본 열도 구석구석을 찾아다녔다.

취재대상 기업은 100년 이상의 역사를 가진 기업 중에서 업종과 규모, 실적과 사회공헌도 등을 종합적으로 고려해 엄선했다. 단순히 규모가 크거나 순이익을 많이 내는 기업이 아니라 한국의 기업에 벤치마킹이 될 만한 내용을 가진 기업들을 주로 골랐다.

시리즈가 진행되는 동안 도산과 폐업으로 이어질 뻔한 수많은 위기를 수없이 헤쳐 나온 100년 기업들의 지혜와 강한 정신자세에서 많은 감명을 받았다는 반응이 적지 않았다. 한 코스닥 기업의 대표는 시리즈 기사를 전부 오려 서류가방 안에 넣고 다닌다는 이야기도 지인을 통해 전해 들었다. 한 고교생은 기사를 통해 일본이라는 나라를 이해하는 데 많은 도움이 되었다는 메일을 보내오기도 했다. 시리즈를 책으로 내야겠다는 생각을 하게 된 것도 기본적으로는 독자들의 적극적인 호응에 용기를 얻었기 때문이다.

본서는 〈동아일보〉의 '日本 100년 기업을 가다' 시리즈를 뼈대로 구성했지만 내용에는 적지 않은 첨삭을 가했다.

신문기사는 지면상의 제약이 있기 때문에 주제를 전하는 데 필요한 내용을 다 담지 못할 때가 많았다. 백 마디 말보다 더 많은 이야기를 해 주는 사진도 충분히 전하지 못하기는 마찬가지였다. 또, 필자들이 직접 찾아가서 취재를 하지는 못했지만 신문지면과 서점 진열대를 장식하는 100년 기업들이 적지 않다. 본서는 이런 아쉬움을 보완하기 위해 적지 않은 내용을 추가했고 30개 기업을 소개하는 순서도 업종을 기준으로 재편집했다.

'日本 100년 기업을 가다' 시리즈를 무사하게 마친 것은 한기흥 부장을 비롯한 〈동아일보〉 국제부와 편집부원들의 지원이 있었기 때문이다. 이 자리를 빌려 심심한 감사의 뜻을 전하고 싶다.

서 영 아 · 천 광 암

불황을 이겨낸
일본 100년 기업의 비밀

믿음을 팔아라

1판 1쇄 인쇄 2008년 9월 10일
1판 1쇄 발행 2008년 9월 26일

지은이 | 서영아 · 천광암

발행인 | 김재호
편집인 | 최용원
출판국장 | 황의봉
출판팀장 | 김현미

편집장 | 안영배
기획 · 편집 | 임효정
아트디렉터 | 윤상석
디자인 | 홍성훈
마케팅 | 김윤상 · 이정훈 · 유인석 · 정택구
스캔 · 출력 | 김광삼 · 최윤호 · 이상국 · 이수용 · 신광철
인쇄 | 우성프린팅

펴낸곳 | 동아일보사
등록 | 1968.11.9(1-75)
주소 | 서울시 서대문구 충정로3가 139번지(120-715)
마케팅 | 02-361-1031~3 팩스 02-361-1041
편집 | 02-361-1035 팩스 02-361-0979
홈페이지 | http://books.donga.com

ISBN 978-89-7090-644-7 03320
값 13,000원

마이다스동아 는 동아일보사가 만든 경제 · 경영 전문 도서 브랜드입니다.